Nuevo Manual Básico de Scribus

Alberto García Briz

Nuevo Manual Básico de Scribus

Alberto García Briz

Primera Edición – noviembre de 2022

ISBN-13: 979-8363623844

© 2014-2022 Todas las fotografías y gráficos por Alberto García Briz, salvo donde se indique

© 2022 Diseño de portada, edición y maquetación, cafés, alguna pizza... Todo por Alberto García Briz. Yo me lo guiso y yo me lo como. Qué orgullosa estaría mi abuela.

Bueno, eso es porque nadie quiere publicarme. ¿Quieres publicar mis libros? ¿Quieres que te ayude a publicar los tuyos? Tienes un formulario de contacto en la dirección web

https://libros.agbdesign.es/contacto

Imagen de portada adaptada de Wikimedia Commons, **"Nib of a fountain pen made by Pelikan"**, by MAKY.OREL

Los nombres comerciales y marcas presentados en esta publicación son propiedad de las empresas que disponen de los derechos sobre los mismos.

Nota importante: Si encuentras errores en esta publicación, están ahí con un motivo. He intentado incluir algo para todo el mundo, y algunas personas siempre andan buscando errores.

Este es para el equipo de redacción de la desaparecida «En el Qulo del Mundo» (de la Universidad de Zaragoza, España), quienes me introdujeron en el mundillo de la maquetación hace ya muchos años…

Índice

Presentación..7
Introducción..9
Los programas de maquetación 10
    Elementos visibles...10
    Elementos no visibles...10
Los programas de maquetación.............................10
    Scribus...11
        Lo que es Scribus..11
        ... y lo que no es..12
        Instalación de Scribus.....................................13
La interfaz de Scribus..14
    Menú Archivo..15
    Menú Editar..15
    Menú Objeto (o Elemento)...............................16
    Menú Insertar..17
    Menú Páginas...18
    Menú Ver..18
    Menú Extras...19
    Menú Scripts..20
    Menú Ventanas...21
    Menú Ayuda..22
Ventanas auxiliares 23
    La Ventana de propiedades (F2)......................23
    Ventana de Estilos (F3).......................................26
    Ventana de edición de textos...........................30
Preferencias de Scribus...31
Creación de una publicación nueva con Scribus...33
    Esquemas de composición predeterminados...35
Contenidos para Scribus..37
    Gestión de archivos..37

Textos..38
Imágenes..38
Composición inicial...39
Decoración, elementos gráficos............................39
Contenidos adicionales para tu publicación.....40
Preparación de un documento...............................42
    Definición de las páginas maestras................42
    Definición de un conjunto de estilo................45
        El tipo de letra (fuente)..................................45
        El tamaño de la letra.......................................46
        La decoración de la letra...............................47
        Carácter y Párrafo..47
    La ventana auxiliar de estilos............................47
Sobre la propiedad de las fuentes........................48
Montaje de textos..51
    Creación de marcos de textos.........................51
    Importación de texto..51
Aplicación de estilos de texto................................52
    Edición directa del marco de texto...............52
    Ventana auxiliar de textos................................52
    Edición "fina"...53
    Desbordamiento de texto................................54
    Enlace de marcos de texto 54
    Ruptura del enlace..55
    Trabajo con marcos de texto...........................56
Trabajo con imágenes..58
    Ajustes de composición....................................58
    Ajustes de la imagen..59
    Desplazamiento de la imagen........................60
    Retoques básicos de una imagen..................60

Opciones de representación en pantalla......61
Recuperación del enlace a archivos perdidos 62
Actualizaciones de imagen...... 62
Uso de formas 63
    Creación de formas...... 63
    Inserción de polígonos......63
    Edición de formas...... 64
    Alineación, ordenación...... 65
    Distribución......66
    Cambios de nivel......67
    Agrupaciones......68
    Otras acciones con formas......68
    Flujo de texto alrededor de las formas...... 69
Capas, niveles......71
    Niveles y agrupación...... 71
    Cambio de nivel...... 71
    Capas: hojas independientes...... 72
    Gestión de capas...... 73
Tablas de contenido...... 75
    Creación de atributos...... 75
    Creación del marco destino......75
    Definición de las tablas...... 76
    Asignación de atributos...... 77
    Creación automática de la tabla...... 77
    Con estilo propio...... 78
    Sobre los números de página...... 80
Elementos de un PDF......81
El Color en Scribus......85
    Espacios de color......85
    Definición de conjuntos de colores......86
    Aplicación de los colores definidos...... 89
Pre-Prensa......90
    Verificación "Pre-vuelo"......90
    Trabajo con la verificación pre-vuelo...... 91

Exportación a PDF......92
Otras opciones de exportación...... 93
    Tipografías...... 93
    Extras......94
    Visor......94
    Seguridad......94
    Color...... 94
    Pre-Prensa...... 95
Creación de una portada...... 96
    Amazon Kindle Direct Publishing (KDP)...... 96
    Tamaño del papel......97
    Creación de un documento......97
    Lomo del diseño...... 99
    Imágenes para la portada 100
    Un problema...... 103
    ...y una solución...... 104
    Contraportada 104
    Colocación del ISBN...... 105
    Más elementos...... 106
    Otras editoriales......107
    Opciones......107
Resumen práctico 108
    Preparación......108
    Composición...... 108
    Revisión y Publicación...... 109
    ¿Y después?......109
    Un par de ejemplos...... 110
    Ejemplo 1: Este libro...... 110
    Ejemplo 2: Libro clásico......111
    350...... 112
    Acerca de los ebooks... 113
    Alineación...... 114
Conclusiones......115
Glosario......117
Enlaces de Internet...... 130
Del mismo autor...... 131

Presentación

Desde mediados de 2012, he estado lanzando una serie de libros dedicados a diferentes apartados de la edición gráfica, desde el retoque de imagen hasta la autopublicación por Internet a través de empresas de impresión bajo demanda (puedes ver algunos de ellos listados al final de este libro).

Pues bien, tal y como presenté en el libro **«Publicación Online – hazlo tú mismo»**, en algunos casos (sobre todo, en los libros con contenido gráfico complejo) es recomendable, si no necesario, utilizar un programa de maquetación, que ya no será un editor de textos tradicional.

En mi caso, me decidí por la aplicación gratuita Scribus, que presento en este libro, por varios motivos: el primero, obviamente, el que se trate de una aplicación gratuita, desarrollada de manera colaborativa y con licencia abierta (Open Source). Ya que no esperaba hacerme rico con mis libros, tampoco deseaba hacer una gran inversión.

Además, su manejo básico es muy similar al de otros programas mucho más caros, que ya había manejado anteriormente en mayor o menor medida: Pagemaker, QuarkXpress e InDesign.

Por último, y al igual que programas como InDesign, Scribus incluye una verificación de documento previa a su exportación (a EPS o PDF), algo muy útil a la hora de preparar archivos válidos para una imprenta digital.

Cuando comencé a trabajar con Scribus en 2011, no encontré mucha documentación en Internet acerca de esta aplicación. Sí que hay un manual oficial (recomendable) en la página del desarrollador, pero quizá sea demasiado complejo para iniciarse con Scribus.

Por este motivo, la creación del libro que tienes ante ti fue siempre un proyecto «en la sombra», que vio la luz inicialmente en 2014, después de muchos meses de trabajo ocasional.

La versión que tienes en tus manos, de 2022, incluye correcciones y mejoras a la edición original, y los contenidos se han adaptado a las funcionalidades de las últimas versiones disponibles.

Si tienes interés en los programas de maquetación, debo entender que es porque buscas «algo más» que un editor de textos, y entiendo que conoces la forma de trabajar con estos últimos. Por este motivo, aunque este libro es un manual «básico», no me detendré en muchos detalles, que doy por conocidos por el lector.

En cualquier caso, te recomendaría una primera lectura del libro completo, antes de comenzar con tu primera publicación. Una vez tengas esta visión general, sabrás qué debes buscar de nuevo, para conseguir la composición que tienes en mente…

Espero que lo encuentres interesante y útil. Para mí, lo ha sido también, al explorar algunas funciones que no suelo utilizar habitualmente, para proporcionar esta visión general del programa.

Al igual que hice en mi libro práctico anterior, **«Blanco y Negro con GIMP»** (tienes la referencia al final de este libro), he decidido utilizar, en la versión en papel, un pequeño avatar mío, como forma de hacer esta publicación técnica un poco más informal.

Aunque tu objetivo sea aprender algo nuevo (incluso para una orientación profesional), voy a intentar que los contenidos se presenten de la manera más amena posible…

Valencia, noviembre de 2022

Introducción

Introducción

La mayor parte de los libros que puedes encontrar en una librería se pueden crear y componer razonablemente bien con un procesador de texto moderno, ya sea de pago (como Microsoft Word) o gratuito (como LibreOffice Writer).

Ojo, un libro de «sólo texto» puede contener este texto en una o varias columnas, con notas al pie, cabeceras, pies de página, diferentes tipos de letra con varios estilos y en diferentes tamaños. Incluso pueden contener alguna imagen u otros elementos (decoración, gráficas, fórmulas…).

Todo esto sí que se puede hacer con un editor de textos.

Sin embargo, hay otra gran cantidad de publicaciones que incluyen un formato más complejo, que haría que su composición con un procesador de textos tradicional se convirtiese en un «infierno», o bien en algo casi imposible de hacer. ¿Te imaginas crear un periódico con tu procesador de textos?

Para realizar estas tareas, se desarrollaron los programas de maquetación o composición. Estos programas desarrollan el concepto de «montaje» tradicional en periódicos y revistas, en los que cada elemento (textos, imágenes y decoración, si la había) se recortaba físicamente, para probar distintas distribuciones sobre una mesa de trabajo.

La composición final debía pasarse al taller de imprenta, que fabricaba las planchas a medida según el diseño final acordado.

Veremos que la filosofía de los programas de maquetación es exactamente esta: sobre una o varias páginas en blanco, iremos creando elementos, bloques, que podrán ser de texto, imagen o decoración.

Podremos moverlos y reordenarlos según nuestras preferencias, sin la limitación del flujo de texto único de un procesador tradicional.

Este libro presenta (en la primera sección) la interfaz de trabajo de Scribus, describiendo la mayoría de sus comandos habituales y un proceso ideal para desarrollar el proceso de maquetación de una forma fluida y agradable para el usuario.

Por supuesto, el libro está centrado en esta aplicación gratuita, pero muchos de los conceptos son fácilmente transportables a otros programas de maquetación y composición de publicaciones. Si usas otros programas, hay muchas probabilidades de que encuentres las mismas funciones, con nombres muy similares y en los mismos menús…

A lo largo del libro se presentarán capturas de pantalla hechas tanto en Windows como en Mac OS. Scribus tiene exactamente el mismo comportamiento en ambas plataformas y en otros sistemas operativos basados en Linux, como Ubuntu. Es una de las grandes ventajas frente a otros programas de pago, que no ofrecen, por lo general, soporte para estos últimos.

Como curiosidad, la versión en papel de este libro se ha diseñado íntegramente con Scribus. ¿Qué te parece?

Los programas de maquetación

Los programas de maquetación surgieron para facilitar la labor de composición de publicaciones complejas, y permiten un control casi total de cada elemento independiente de estas publicaciones.

El proceso es ahora digital, con todas las ventajas que conlleva (puedes guardar versiones intermedias y recuperarlas, puedes enviarlas de manera casi instantánea a la imprenta, puedes reutilizarlas en una nueva composición…).

Y este punto es importante: Una publicación digital moderna puede contener gran cantidad de elementos, tanto visibles como no visibles en la versión final. Es importante entenderlos para poder decidir si son necesarios en nuestra publicación concreta.

Elementos visibles

Obviamente, una publicación está compuesta por textos, imágenes, gráficos, elementos decorativos… Estos elementos deben colocarse en un lugar común (en nuestro caso, el área de trabajo de Scribus) hasta encontrar la disposición óptima según nuestras preferencias o la orientación de la publicación.

Por lo general, salvo en algunos casos que veremos en este manual, los elementos deben entrar dentro de una zona «permitida», para asegurar que se imprimirán correctamente.

La definición de los márgenes nos dará un grado más de libertad a la hora de hacer un diseño creativo.

En los casos de libros de «sólo texto», puede tratarse de un único documento, integrado dentro de la estructura de la publicación (aun así, veremos que hay varios elementos añadidos a este tipo de libros).

En otros casos (libros de fotografías, novelas gráficas…) el contenido gráfico tiene un peso mucho mayor que el de texto, aunque este sigue siendo importante en las descripciones de las fotos, introducciones, diálogos…

En general, cada publicación será única. Incluso versiones diferentes de un mismo libro (por ejemplo, cambiando el tamaño físico, la encuadernación o la portada) se deben tratar y editar de manera específica, adaptando estos contenidos visibles al producto final.

Elementos no visibles

Pero una publicación también contiene, por lo general, una serie de elementos que se colocan fuera de la página, y que se utilizan en las imprentas para facilitar el trabajo.

Así, podemos hablar de registros (marcas que indican los límites de corte y los centros de los lados para alinear la encuadernación y el corte) y de pruebas de color o de tramado, para poder detectar posibles problemas con el entintado.

En la siguiente página, abajo, puedes ver un ejemplo de archivo con información no visible (denominada de pre-prensa). En esta imagen, puedes ver todos los elementos indicados anteriormente. En secciones posteriores veremos cómo añadirlos a nuestras publicaciones, en caso de que sean necesarios.

Incluso alguno de los contenidos visibles necesita también extenderse más allá del borde físico de la página. Es el caso de las fotografías o imágenes que deben cubrir completamente una página:

habitualmente, se insertan a un tamaño algo mayor, permitiendo cierta pérdida a la hora de la encuadernación y el corte, lo que facilita el proceso de impresión.

Los programas de maquetación serán capaces de incorporar todos estos elementos no visibles en páginas de mayor tamaño que el elegido teniendo en cuenta que no aparecerán en el producto final, ya que serán eliminados en el proceso de fabricación.

Scribus

Scribus es un programa de maquetación producido con código OpenSource. Está desarrollado y mantenido por una comunidad de programadores y usuarios de la aplicación, que van incorporando novedades, cambios y correcciones periódicamente en nuevas versiones.

Partiendo de esa filosofía OpenSource, Scribus trabaja con un formato de archivo propio, el SLA (de Scribus LAyout, maqueta de Scribus).

Sin embargo, la forma de componer textos e imágenes sigue una metodología similar a programas mucho más complejos y caros, como QuarkXpress o InDesign.

Lo que es Scribus

Scribus es una aplicación gratuita (desarrollada por un grupo de trabajo OpenSource) de maquetación o composición de publicaciones. Permite realizar montajes con múltiples textos e imágenes, con posibilidad de importar contenidos desde gran cantidad de formatos de archivo.

Nota: los impresores «bajo demanda» modernos trabajan con procesos completamente digitales, y ya no suelen necesitar estos elementos, o bien los añaden de manera independiente.

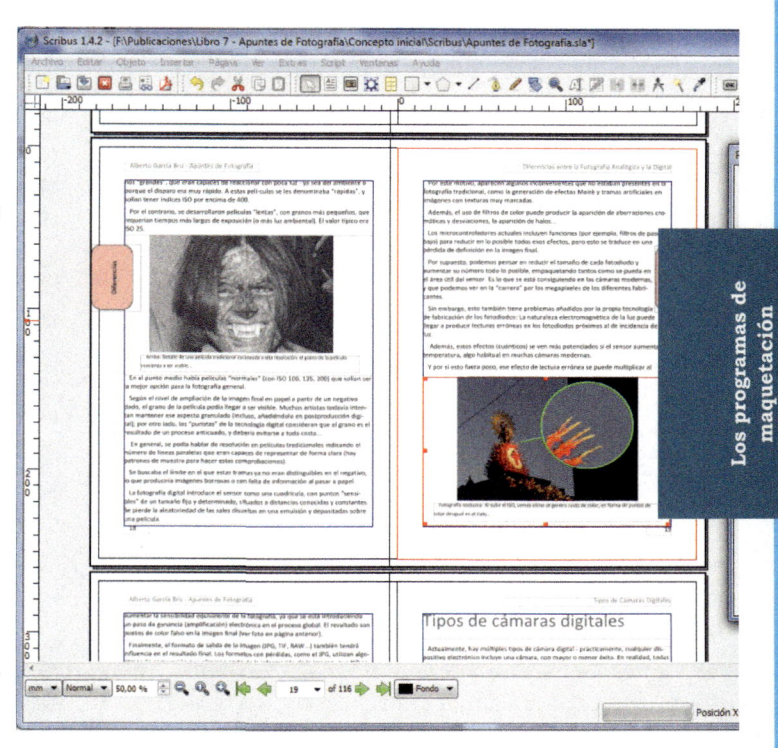

Arriba: Colocación de elementos visibles en Scribus, durante el proceso de diseño. Abajo: Vista de un archivo PDF definitivo, con elementos no visibles en los márgenes.

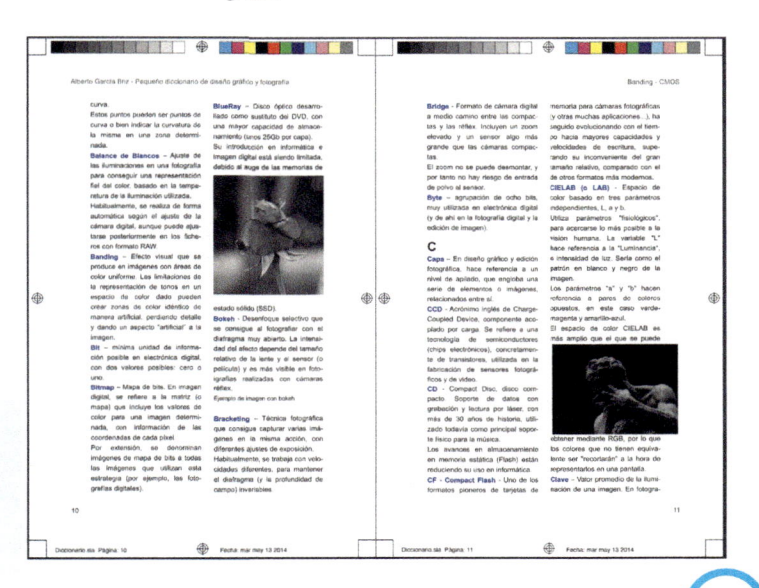

Los programas de maquetación

Incluye herramientas de edición básicas, tanto para el texto (definición de estilos, interlineados y muchos otros parámetros) como para las imágenes (ajustes de brillo y saturación, por ejemplo, pero también filtros complejos).

Además, Scribus permite la adición de elementos «alrededor» del contenido principal, de manera que podemos añadir decoraciones, notas, o imágenes en los márgenes de nuestra composición, para (si así lo deseamos) producir publicaciones con contenido hasta el mismo borde de la página.

Scribus permite hacer una primera comprobación de validez de nuestra composición de cara a la impresión profesional, incluso añadiendo marcas y muestras de color fuera de los márgenes, muy utilizadas en imprenta tradicional.

Pero, antes de hacer esta comprobación, Scribus proporciona continuamente una visión directa del resultado actual de nuestra edición, gracias a su característica WYSIWYG (what-you-see-is-what-you-get, lo que ves es lo que obtienes).

Como he indicado, Scribus guarda los archivos de trabajo con un formato especial, el SLA. Es un formato abierto, derivado de XML, e independiente de la plataforma.

De hecho, hay versiones de Scribus para Windows, Mac OS y las diferentes versiones de Linux (Ubuntu…), de manera que puedes trabajar en diferentes plataformas con el mismo documento.

En el caso del sistema operativo Windows, también puedes encontrar versiones «portables» de la aplicación, como la disponible en el portal PortableApps.com.

Y en todas esas diferentes plataformas, Scribus es gratuito. Lo que no quita para que puedas hacerles una donación, si así lo ves oportuno.

…y lo que no es

Scribus no es un editor de texto. Con Scribus, no podrás trabajar con la fluidez con la que editas un texto, seleccionando palabras y cambiando su estilo. Sí que puedes hacer todo esto (con algo más de trabajo), pero la primera recomendación al trabajar con un programa de maquetación es, precisamente, evitar hacerlo.

En secciones posteriores, veremos cómo hacer esta edición de manera correcta, lo que nos evitará gran cantidad de trabajo posterior. Habrá alguna excepción, pero ya la presentaremos en su momento.

Recuerda: Inicialmente, no edites el estilo de letra directamente sobre el texto al trabajar con Scribus.

Por supuesto, Scribus tampoco es un editor de imagen. Para ello, debes utilizar un editor «de verdad», que te dará una mayor flexibilidad a la hora de producir imágenes apropiadas para tu composición.

Dentro de la definición de la interfaz de Scribus, veremos cómo este programa «llama» a tu editor de imágenes por defecto, si tienes que modificar o corregir alguna.

Personalmente, te recomiendo el programa GIMP, otra herramienta OpenSource, cuya potencia es, en la mayoría de los casos, comparable a la de otros programas de pago (Photoshop y compañía).

Cuando lleguemos a la sección dedicada al trabajo con imágenes, veremos una lista de requisitos que deben cumplir nuestras fotografías o gráficos, para conseguir que nuestra publicación tenga la calidad esperada.

Instalación de Scribus

Scribus puede descargarse (versiones para Windows y Mac OS) desde su página oficial, www.scribus.net. El instalador permite seleccionar el idioma de la instalación, de manera que desde los primeros pasos no deberías tener problemas con las ventanas de progreso y ayuda.

En el momento de preparar esta segunda edición, la versión estable actual era la 1.5.8.

La instalación sigue el proceso habitual: En Windows deberemos arrancar el ejecutable e indicar el directorio de instalación; en Mac OS, bastará con arrastrar la aplicación a nuestra carpeta de Aplicaciones.

En el caso de los sistemas operativos basados en Linux (como Ubuntu, por ejemplo), es habitual tener Scribus instalado por defecto. De no ser así, puedes encontrarlo en las listas habituales de tus repositorios, ya sea como programas de ofimática o de productividad.

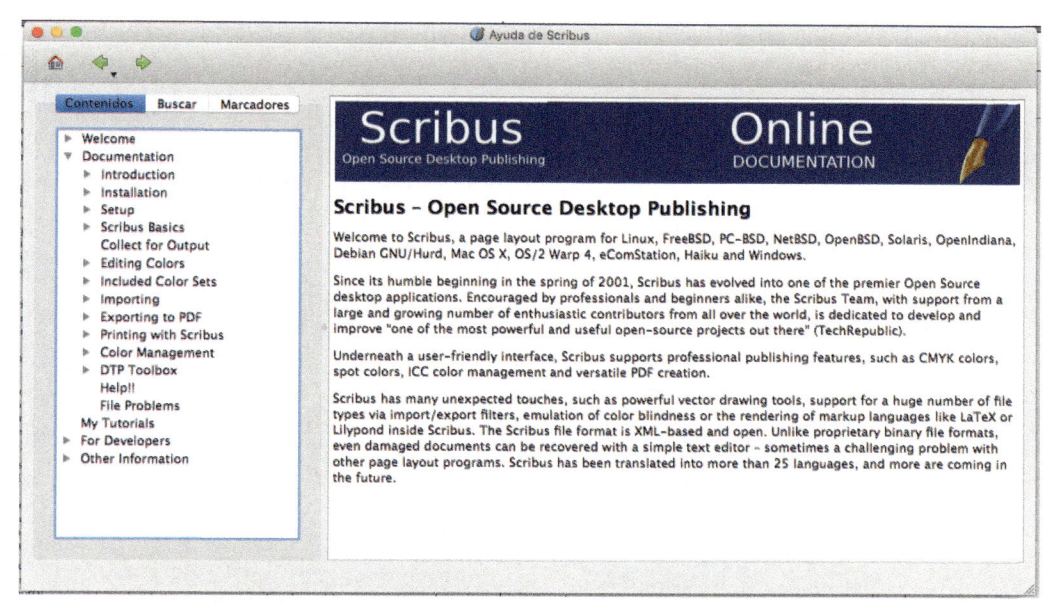

Desde el menú "Ayuda - Manual de Scribus..." puedes llegar a la sección oficial de soporte en inglés. Si no puedes trabajar con ese idioma, tienes secciones en español dentro de su página web www.scribus.net.

La interfaz de Scribus

Scribus presenta una interfaz muy «limpia», que consiste en una barra de menús superior (en Mac OS, anclada al margen superior de la pantalla), una barra de iconos debajo de ésta, y una barra de información inferior. En resto del área de trabajo se dedica a mostrar el documento.

La barra inferior nos permitirá movernos rápidamente entre páginas de una publicación, modificar el nivel de aumento de la vista y trabajar con capas (veremos cómo trabajar con estas capas más adelante), por ejemplo. También tendremos información de las coordenadas del puntero del ratón, siempre que lo situemos sobre el área de trabajo.

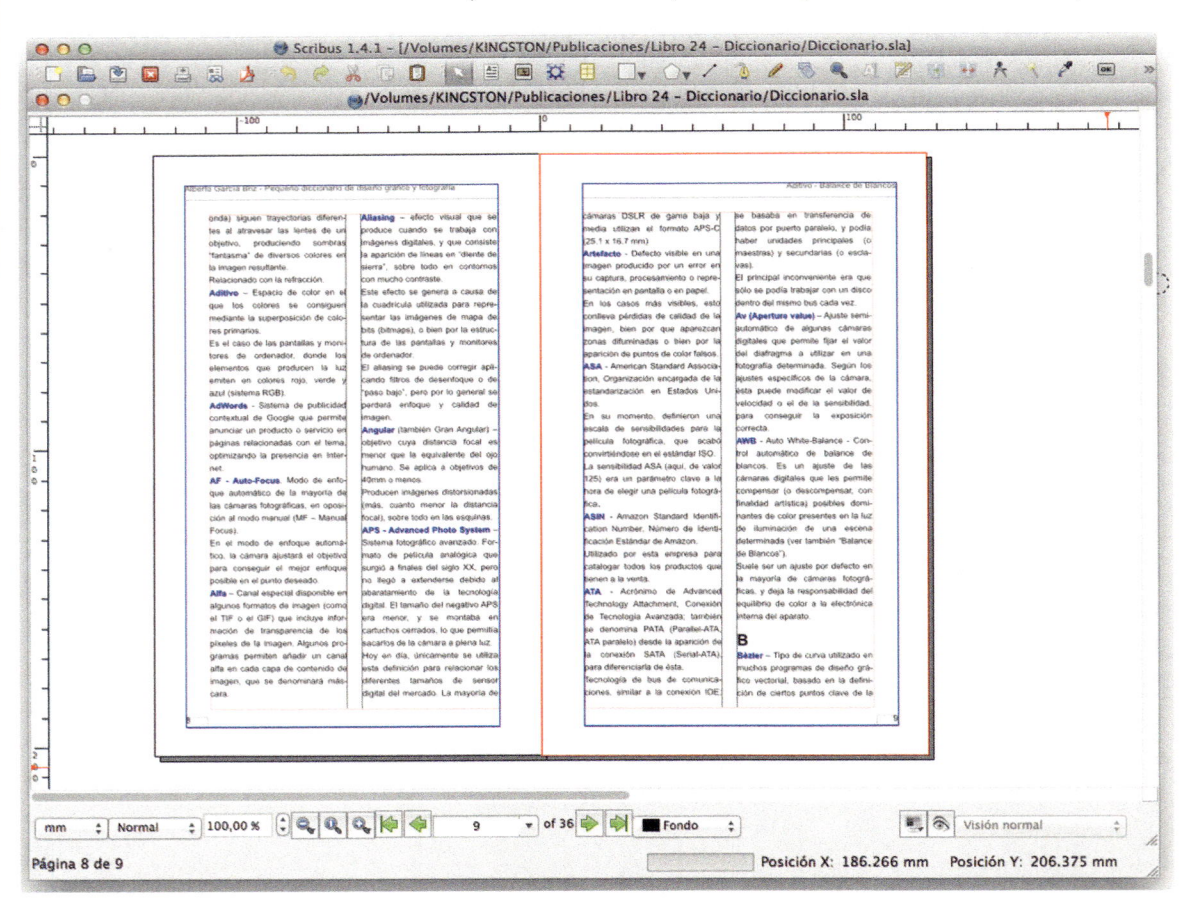

Muchos menús tienen funcionalidades similares a las de otros programas: copiar, pegar, cortar... Al igual que en la mayoría de aplicaciones modernas, los iconos y menús se presentan desactivados (en color gris) si no es posible aplicar su función. Cuando están activados, presentan su imagen en color.

De la misma manera, la mayoría de los menús y comandos no estarán disponibles si no hay un documento abierto, o un objeto seleccionado. De todas formas, vamos a repasar brevemente las opciones disponibles (insistiendo en las especiales de Scribus) en cada uno de los menús.

Menú Archivo

Este menú nos permitirá crear nuevos archivos, abrir y cerrar archivos existentes, guardar copias con nombres alternativos… Además, será el acceso para importar nuevo contenido en nuestra publicación, y para exportarlo a formatos diferentes del SLA, propio de Scribus.

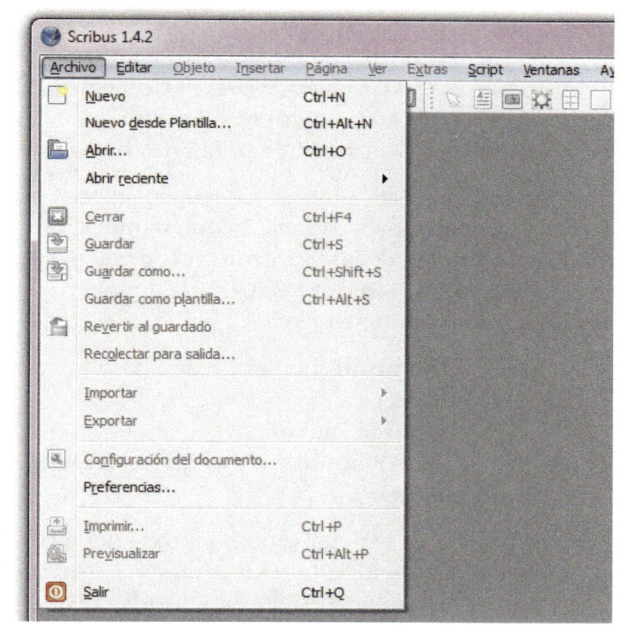

Aquí también encontramos los ajustes de configuración de la aplicación (Archivo – Preferencias), y encontraremos las opciones de vista preliminar (Previsualizar) e impresión.

Algunas de estas funciones están, como es habitual, disponibles en forma de icono o botón, justo debajo de la barra de menús. Concretamente, podemos ver los siguientes botones asociados:

Por orden, de izquierda a derecha, su función sería la siguiente:

- **Nuevo** (similar a "Archivo – Nuevo", o al atajo de teclado Ctrl + N)

- **Abrir** (Similar a "Archivo – Abrir", o al atajo de teclado Ctrl + O)

- **Guardar** (Similar a "Archivo – Guardar", o bien al atajo de teclado Ctrl + S)

- **Cerrar** (Similar a "Archivo – Cerrar", o bien al atajo de teclado Ctrl + F4)

- **Imprimir** (Similar a "Archivo – Imprimir", o bien al atajo Ctrl + P)

- **Verificador "pre-vuelo"** (Similar a "Ventana – Preflight Verifier", sin atajo de teclado)

- **Conversión a PDF** (Similar a "Archivo – Exportar – Guardar como PDF…", sin atajo de teclado)

El uso de los menús, iconos o atajos de teclado es una elección únicamente tuya: Deberás encontrar "tu" forma de trabajar.

Menú Editar

El menú editar contiene, junto con las acciones habituales de cualquier programa de edición (copiar, cortar, pegar, deshacer…) apartados para la edición de texto o imagen, y comandos especiales para la definición de estilos y gestión del documento. Vamos a ver estas opciones especiales:

- **Editar Texto** (Ctrl + T): Abre una ventana de edición independiente (La ventana de edición de texto, que describiré en profundidad en su momento), en la que podemos editar el texto. Este se muestra sin formato, y podemos tener una indicación de su estilo en el área de información de la izquierda. Veremos su uso en secciones posteriores.

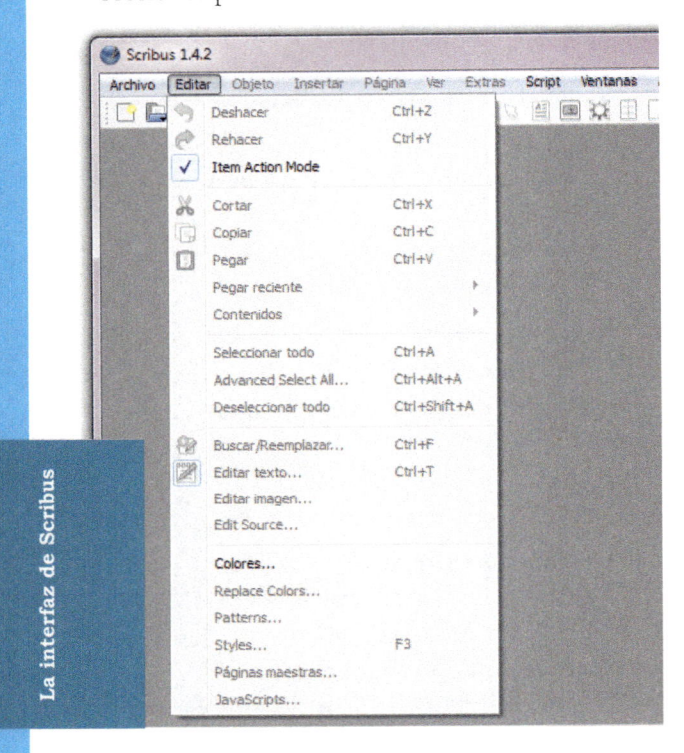

Sus equivalencias serían las habituales de este tipo de controles:

- **Deshacer**, equivalente a "Editar – Deshacer", o al atajo Ctrl + Z

- **Rehacer**, equivalente a "Editar – Rehacer", o al atajo Ctrl + Y

- **Cortar**, equivalente a "Editar – Cortar", o al atajo Ctrl + X

- **Copiar**, equivalente a "Editar – Copiar", o al atajo Ctrl + C

- **Pegar**, equivalente a "Editar – Pegar", o al atajo Ctrl + V

Menú Objeto (o Elemento)

El menú objeto (en las nuevas versiones, puede que lo encuentres como Elemento) nos permitirá modificar los objetos presentes en nuestro diseño.

Habrá comandos para agrupar / desagrupar, gestión de capas (veremos más adelante lo que significa esto), actualización de la vista actual (imágenes y/o texto), junto con algunas otras funciones más especiales, como por ejemplo:

- **Duplicación múltiple:** Sobre todo para elementos de decoración, permite replicar el objeto seleccionado múltiples veces en un solo paso, definiendo con precisión el desplazamiento y giro de cada nueva copia.

- **Transform…** (Transformar): Permite definir una secuencia de modificaciones (habitualmente a imágenes o formas), como cambios de tamaño o relación de aspecto, giros o sesgados.

- **Bloqueado / Tamaño bloqueado**: podremos fijar los objetos o su tamaño, de manera que no los editemos por error. Esto será muy útil en composiciones con múltiples objetos.

- **Enviar a capa:** Si el documento contiene varias capas, podremos mover un objeto de una

- **Editar imagen…:** Abre tu editor de imágenes preconfigurado (yo, por ejemplo, tengo GIMP por defecto). Como ya he comentado, Scribus no incluye un editor integrado.

- **Edit Source…**: (Sin traducir: significa Editar la Fuente) Realiza la edición en el archivo de origen de la información importada. Es una forma de mantener el contenido de manera coherente en todos los sitios, pero tiene el riesgo de modificar información que no se podrá recuperar posteriormente.

- **Colores…**: Permite definir el conjunto de colores a utilizar en una composición.

El menú Editar también tiene un conjunto de iconos o botones disponibles de manera directa debajo de la barra de menús. En este caso, los botones por defecto son los siguientes:

capa a otra. Si solo tienes una capa en tu diseño, la opción aparecerá como desactivada (en gris).

• **Enviar al álbum de recortes:** Scribus incluye una especie de "porta papeles", donde podemos copiar elementos que vayamos a repetir a lo largo de nuestra publicación, de manera que estén accesibles.

• **Configuración de vista previa:** En publicaciones con gran contenido de imágenes, Scribus da la posibilidad de mostrarlas en baja resolución, lo que descarga al ordenador de cálculos complicados y facilita un trabajo más ágil.

También podemos optar por no mostrar las imágenes, en cuyo caso se mostrará el marco vacío con información de la imagen en forma de texto.

• **Attributes…** (Atributos): los objetos podrán tener etiquetas para indicar, por ejemplo, marcas para la tabla de contenidos.

• **Opciones de PDF:** podremos incluir anotaciones o comentarios en un formato que sea reconocible más tarde por lectores de archivos PDF.

• **Convertir a…:** Algunos objetos podrán cambiar su contenido o su tipo. Podremos pasar de marco de texto a marco de imagen, por ejemplo. O bien de forma (rectángulo, cuadrado…) a marco de imagen…

• **Enlazar marcos de texto / desenlazar marcos de texto:** veremos esta función cuando definamos el proceso de colocación del texto en la publicación; por el momento, baste decir que podremos hacer "fluir" un texto entre varios marcos diferentes.

Además, habrá funciones que quizá reconozcas del diseño vectorial, como el ajuste de textos a trazados, o la edición de estos trazados. Veremos ejemplos de estas funciones en secciones posteriores.

Menú Insertar

Quizá uno de los menús más importantes, es el que nos permite definir los contenidos que vamos a incluir en nuestra publicación. Podemos ver que los diferentes tipos de contenidos tienen su acceso directo (sin traducir al español): texto, imagen, forma, líneas o curvas Bèzier…

Pero, además, podremos insertar, en el caso de un texto activo, caracteres especiales (como saltos de línea o de columna, numeraciones de página automáticas, etc.).

Por último, Scribus presenta dos opciones muy interesantes en este menú:

• **Sample Text**, o texto de muestra. Para ver el efecto de un cuadro de texto, Scribus puede rellenarlo con un texto genérico.

atajo de teclado "T"). Será una de nuestras opciones principales de trabajo.

• **Insertar imagen** (equivalente al atajo de teclado "I"). La segunda opción más frecuente, si tu libro contiene algo más que textos.

• **Insertar marco de renderizado**, con atajo de teclado "D".

• **Insertar tabla**, con una función similar a la de los editores de texto, pero independiente de cualquier texto de nuestra composición.

• **Insertar forma**, para colocar cuadrados, rectángulos, elipses… y una gran cantidad de contornos diferentes

• **Insertar polígono**, si queremos crear un polígono exacto, definiendo el número de lados y su giro inicial (inclinación).

• **Insertar línea poligonal**, para realizar trazados definiendo las esquinas o los puntos de cambio de dirección.

• **Insertar curva Bèzier**, para crear combinaciones de rectas y curvas según esta fórmula matemática. Es similar a la herramienta que puedes encontrar en tu programa de diseño vectorial (como InkScape).

• **Insertar línea a mano alzada**, por si aún necesitas más flexibilidad en tu composición.

Una vez más, depende de ti el utilizar los menús, los atajos de teclado o los botones de la barra superior.

Menú Página

El menú página será el lugar donde añadir o eliminar hojas a nuestro diseño. Además, podremos crear y editar las páginas maestras y las guías, junto con la activación o desactivación de estas guías y la cuadrícula por defecto.

Desde el lado práctico, aquí podremos activar y desactivar las guías y la cuadrícula, y cambiar el formato de la página: tamaño, encuadernación, márgenes…

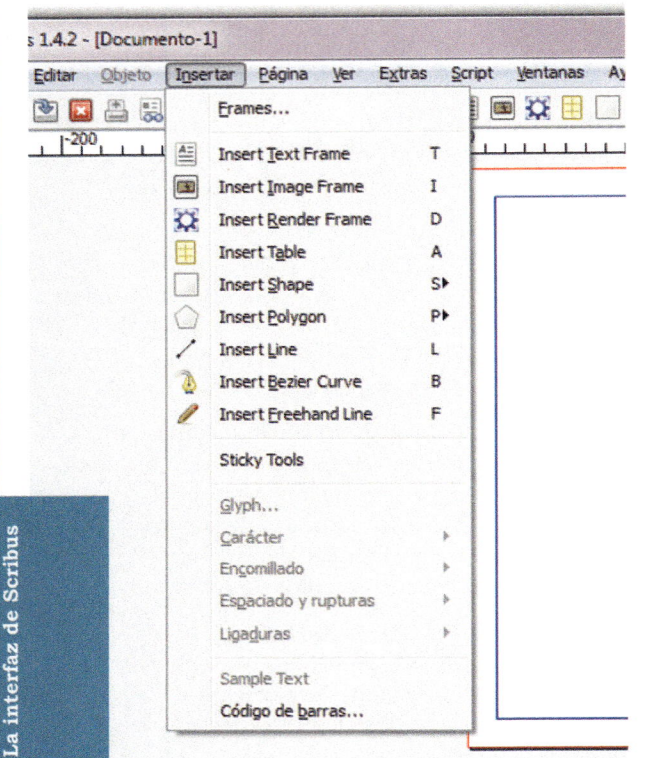

El más habitual es el "lorem ipsum", un texto sin significado real en latín, pero Scribus también da la opción de generar textos en otros idiomas (curiosamente, el español no está en la lista).

• **Código de barras,** lo que puede resultarte muy útil, por ejemplo, a la hora de incluir el ISBN de tu publicación, ya sea en la portada (nota que la mayoría de editores e imprentas requerirán que la portada sea un archivo independiente), o en una página interior.

De nuevo, tendremos una serie de iconos o botones de acceso directo para algunas de estas funciones:

Por orden, de izquierda a derecha, la función de estos botones será como sigue:

• **Insertar marco de texto** (equivalente al

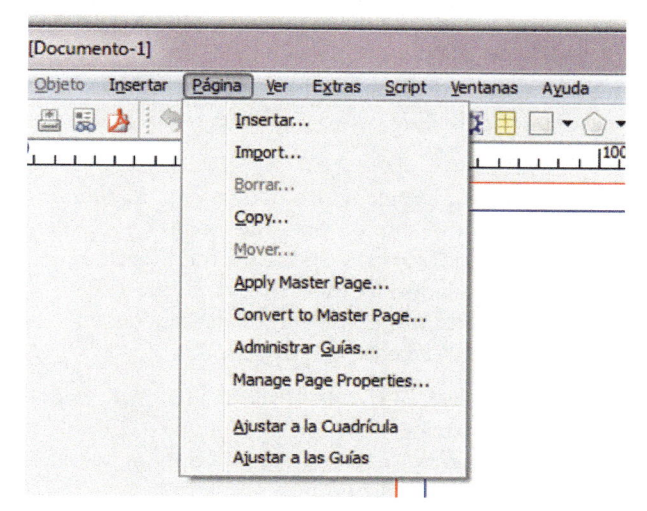

También podremos importar páginas desde otras publicaciones (es recomendable que el formato de página sea el mismo). Por ejemplo, si trabajamos en una revista, podemos incluir anuncios publicitarios que se repitan de una edición a la siguiente.

O bien podemos importar una página desde otro archivo anterior para mantener su estructura, y editar su contenido.

Dadas las características especiales de estas acciones, no hay atajos de teclado asociados, y deberás seleccionar los comandos siempre desde el menú.

Menú Ver

Este menú nos proporciona acceso al aspecto visual de la aplicación. Desde diferentes configuraciones de ampliación de la vista hasta la representación (o no) de guías, rejillas, sangrías, márgenes… una vez más, debes intentar adaptar Scribus a tus preferencias, para conseguir un trabajo lo más agradable y fluido posible.

Mucha gente encuentra los caracteres de control incómodos, ya que pueden saturar la vista al revisar el texto.

Sin embargo, esos caracteres de control pueden ser importantes a la hora de detectar saltos de marco o página indebidos, por ejemplo.

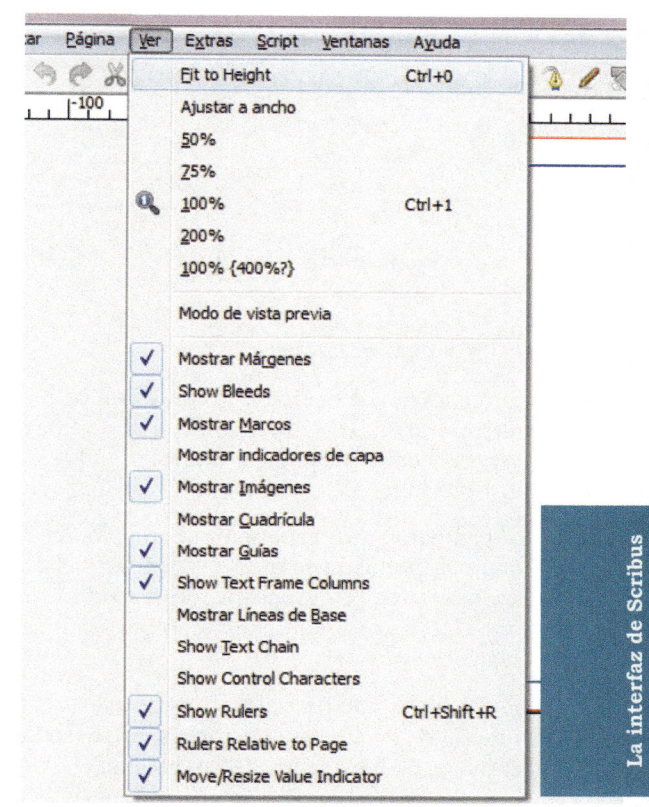

De la misma manera, si estás haciendo una composición libre (por ejemplo, un folleto o una novela gráfica, con contenidos hasta el borde de la publicación), quizá no quieras mostrar los márgenes ni los marcos predefinidos.

Si tu ordenador tiene una capacidad limitada (poca RAM, por ejemplo), puedes elegir no mostrar las imágenes, lo que aligerará la gestión de archivos con gran contenido gráfico.

Menú Extras

El menú Extras contiene todas esas cosas… que no tienen un lugar concreto.

Aparte de un gestor de imágenes (una ventana que te mostrará las imágenes utilizadas en tu publicación, como una lista de iconos), hay una herramienta que separa las palabras introduciendo guiones.

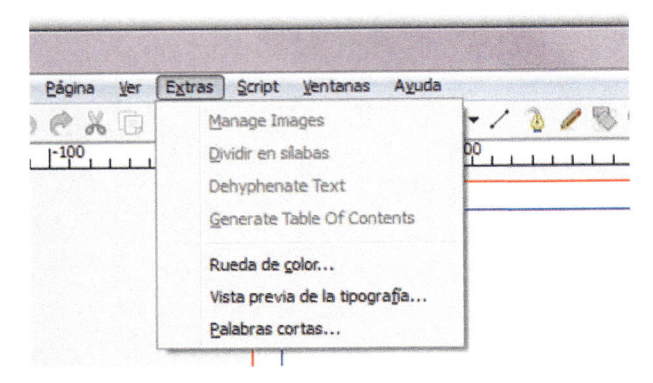

Esta herramienta puede parecer algo muy útil, ya que permite uniformizar el aspecto del texto y evitar grandes espacios entre palabras, sobre todo en los justificados a ambos lados.

Sin embargo, por experiencia te puedo decir que esta partición se realiza según las reglas anglosajonas, por lo que puedes encontrarte con alguna sorpresa desagradable al separar sílabas en dos partes.

Para utilizar con precaución; quizá en futuras versiones esta opción mejore hasta el punto de hacerla imprescindible... Pero no es el caso, al menos por el momento.

En este menú también disponemos de un generador de tablas de contenidos, algo muy útil si trabajas con capítulos o secciones distintas; sin embargo, el proceso no es tan directo como el actual de los procesadores de texto. Tendremos que revisarlo más adelante.

Un extra curioso es la rueda de color. Muchos libros sobre diseño gráfico recomiendan no utilizar más de dos o tres colores en las composiciones (por ejemplo, en logotipos).

Pues bien, enseguida veremos que Scribus permite obtener los colores complementarios de uno dado, situando la gama de colores sobre un círculo o rueda; en este caso, no se tratará de colores de una misma gama, sino colores que proporcionarán un contraste a tus composiciones.

Es decisión tuya aplicarlos o no...

Como herramienta, la rueda de color únicamente te dará las propuestas, que deberás trasladar manualmente a tu composición. En una sección posterior te explicaré cómo utilizar esta rueda de color.

La opción "vista previa de las tipografías" genera un documento nuevo con un texto de ejemplo presentado con todos los tipos de letra diferentes que tienes instalados. Como extra, es curioso. Si pretendes imprimirlo como referencia, puedes encontrarte con decenas de páginas...

Una opción curiosa es la de "Palabras Cortas", que introducirá espacios "inseparables" entre palabras concretas. Desafortunadamente, esta opción no está disponible en español, aunque sí podemos aprovecharla en su versión en inglés. Como ejemplo, podemos escribir una distancia (12 mm) y Scribus asignará el valor de "inseparable" al espacio entre el 2 y la primera m.

Así, evitaremos que coincida un salto de línea entre ambos, sin necesidad de escribirlos juntos.

Nota: Si eres hábil con la informática, podrás encontrar un archivo de texto editable con la configuración de estos espacios no separables, ordenados por idiomas.

Menú Scripts

Al igual que muchos programas desarrollados de manera colectiva (como GIMP e InkScape, por ejemplo), Scribus incluye una serie de "mini aplicaciones" sin una relación directa con la aplicación, pero que pueden ayudarte para hacer ciertos trabajos de manera sencilla y directa.

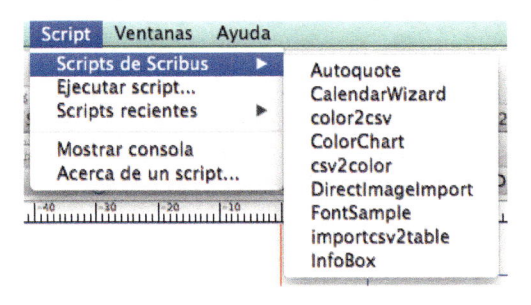

Por ejemplo, ColorChart producirá un documento nuevo con muestras de los colores primarios y sus combinaciones, de manera que puedas hacer una prueba de impresión en tu impresora, para comprobar la precisión en la representación de cada color y, en su caso, introducir los ajustes oportunos.

Por su parte, FontSample generará otro documento con una muestra de texto de cada fuente que tengas instalada en el sistema. Ojo, este proceso puede durar bastante tiempo, y el documento generado puede contener gran cantidad de páginas, en caso de que quieras imprimirlo.

CalendarWizard debería ser una herramienta de creación de calendarios. Debo decir que en mi Mac se cuelga cada vez que intento abrirlo... En cualquier caso, no dejan de ser curiosidades que pueden tener o no utilidad para ti. Deberás ser tú quien decida.

Menú Ventanas

Desde este menú podrás acceder a la mayoría de ventanas de trabajo de Scribus. Si tienes varios archivos abiertos, podrás organizarlos de la misma manera que con tu editor de texto: en cascadas (todos del mismo tamaño, superpuestos) o en mosaico, cada archivo compartiendo una fracción de la pantalla y todos visibles.

Podrás acceder a la ventana auxiliar de Propiedades (atajo de teclado F2, que puede no funcionar con tu Mac OS), junto con otras funciones de diversa índole:

- **Esquema** te mostrará la composición de una manera simplificada, para que puedas revisar los contenidos independientemente del formato.

- **Álbum de recortes** abrirá el portapapeles propio de Scribus, en el que puedes almacenar elementos de cualquier tipo: texto, imagen, forma...

- **Capas,** para la gestión de contenidos de manera avanzada (veremos el uso de las capas más adelante).

- **Arrange Pages** (Reordenar páginas), permitirá cambiar el orden de las páginas de tu publicación que, como veremos, no tienen porqué seguir una secuencia continua.

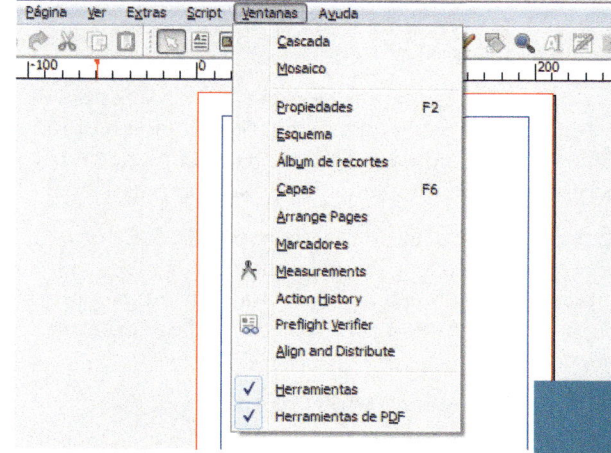

- **Marcadores**, te permitirá gestionar etiquetas especiales dentro de tus contenidos.

- **Measurements**, mediciones, te permitirá calcular distancias o ángulos entre objetos de tu publicación.

- **Action history**, (historial de acciones) te permitirá ver en una secuencia las acciones y comandos que has realizado desde la última acción de guardar.

- **Preflight verifier** (verificador pre-vuelo), lanza una comprobación de conformidad de tu documento para su envío a una imprenta profesional.

- **Align and distribute** (alinear y distribuir) mostrará una serie de herramientas para conseguir una colocación de tus elementos de calidad.

- **Herramientas**, mostrará u ocultará los iconos de la barra superior.

- **Herramientas de PDF**, mostrará u ocultará las opciones de inserción de componentes específicos para archivos PDF.

Menú Ayuda

El menú ayuda, de manera similar a la de cualquier otro programa informático, te proporcionará un primer soporte a la hora de resolver problemas o dudas en tu trabajo de composición.

En caso de no poder resolver estas dudas, podrás acceder a diferentes fuentes de información, como la página de los desarrolladores, la documentación en línea o su herramienta de consulta rápida "wiki".

También podrás acceder a diversos tutoriales en línea; si tienes un problema concreto, es muy probable que alguien lo haya tenido anteriormente, y quizá encuentres una solución "a medida" en estos tutoriales.

Finalmente, desde este menú podrás comprobar si hay actualizaciones de Scribus disponibles para la descarga e instalación.

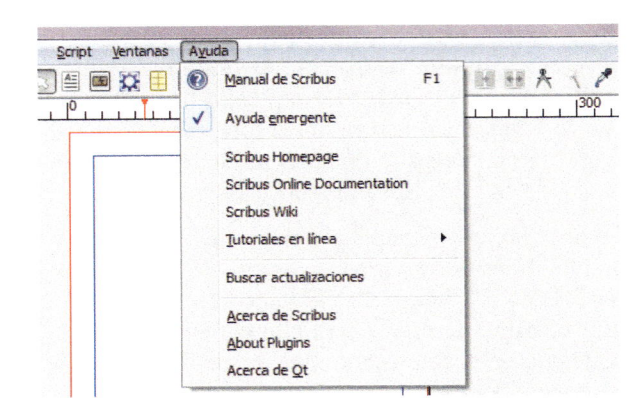

Si estás acostumbrado a trabajar con "tu" versión de Scribus, puede que no lo necesites, pero quizá la nueva versión introduzca mejoras o correcciones a problemas con los que te hayas encontrado…

Ventanas Auxiliares

Junto con el conjunto de menús disponibles, habrá tres ventanas auxiliares imprescindibles a la hora de producir un trabajo de calidad: La ventana de Propiedades (F2), la ventana de Estilos (F3) y la ventana de edición de texto.

La Ventana de Propiedades (F2)

La ventana de propiedades no sólo nos dará información sobre el objeto que tengamos seleccionado o activo en un momento dado. Además, nos permitirá editar todas estas propiedades, facilitando una entrada numérica de los ajustes, para conseguir una precisión profesional.

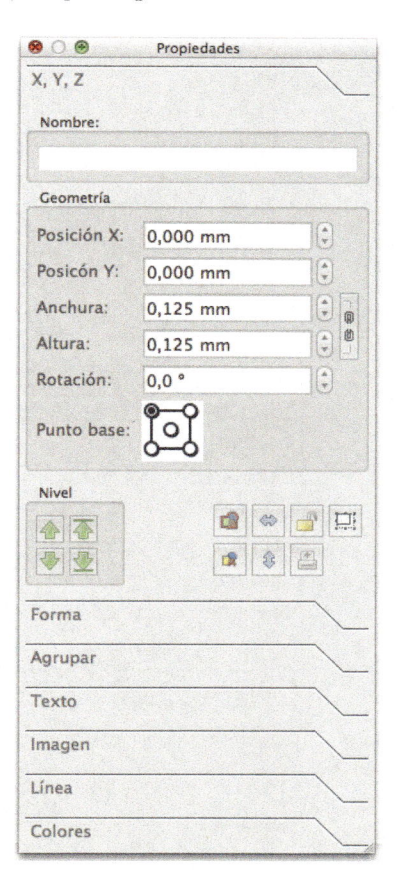

Para verla, puedes pulsar F2 (en Mac OS, puede haber un conflicto con el ajuste de brillo del monitor), o bien mediante el menú "Ventana – Propiedades".

La ventana de propiedades tiene siete pestañas disponibles que, al contrario que en otros programas de edición, se colocan verticalmente. En cada momento, sólo podremos tener una pestaña activa.

Por orden, de arriba abajo, estas pestañas horizontales son las siguientes:

- **X, Y, Z:** definen las coordenadas de la posición de un punto de referencia del objeto en la publicación, su tamaño y ángulo de rotación. Además, dispone de una serie de botones cuya función veremos más adelante.

- **Forma:** define el comportamiento del objeto seleccionado o activo respecto al texto que pueda situarse (total o parcialmente) por debajo de este. Además, podremos definir un valor de curvatura para sus esquinas (por ejemplo, para dibujar un rectángulo con las esquinas redondeadas) y definir cómo debe comportarse el relleno, en caso de composiciones complejas.

Tiene una opción avanzada (la veremos más adelante también) para editar el contorno, de una manera similar a la edición con gráficos vectoriales.

- **Agrupar**: Permitirá asignar una relación lógica entre los objetos seleccionados. Habitualmente, bloquearemos la posición relativa de los objetos seleccionados, de manera que podremos moverlos (tanto sobre la superficie de la publicación como entre capas) simultáneamente.

• **Texto**: Mediante esta pestaña, podrás modificar todos los parámetros de estilo del texto o elemento seleccionado, tomando como referencia los estilos definidos en la ventana auxiliar de estilos. Aunque veremos su uso en la sección de trabajo con textos, baste decir que en esta pestaña puedes editar la configuración (por ejemplo) de:

o Colores y efectos del texto

o Estilo de carácter y párrafo

o Indentación (offset) de la primera línea

o Configuración de columnas

o Márgenes ópticos

o Ajustes avanzados de distancias entre caracteres

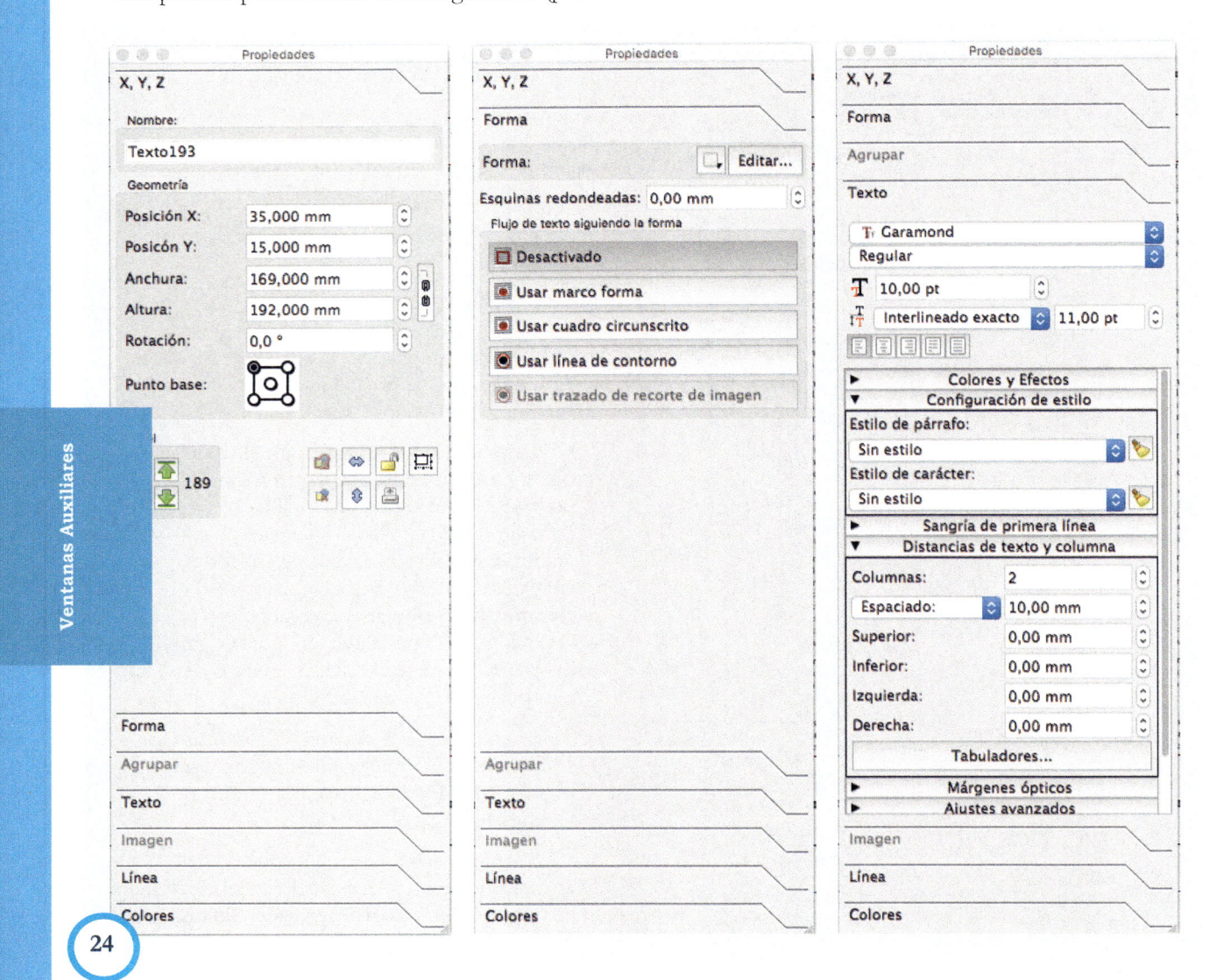

- **Imagen**: Podremos ajustar la forma en la que una imagen se integra dentro del marco definido para ella. Scribus siempre partirá de la resolución original de la imagen importada.

Podremos editar cada dimensión por separado (alto y ancho), de manera que se puede modificar el factor de forma, si lo deseamos.

Además, hay una serie de efectos sencillos por defecto (por ejemplo, una edición de paso a blanco y negro) que, aunque no sustituyen a un programa de edición, sí pueden ayudar con composiciones poco exigentes.

- **Línea**: La ventana auxiliar nos permitirá definir el color y grosor de los contornos, tanto de formas como de imágenes y textos.

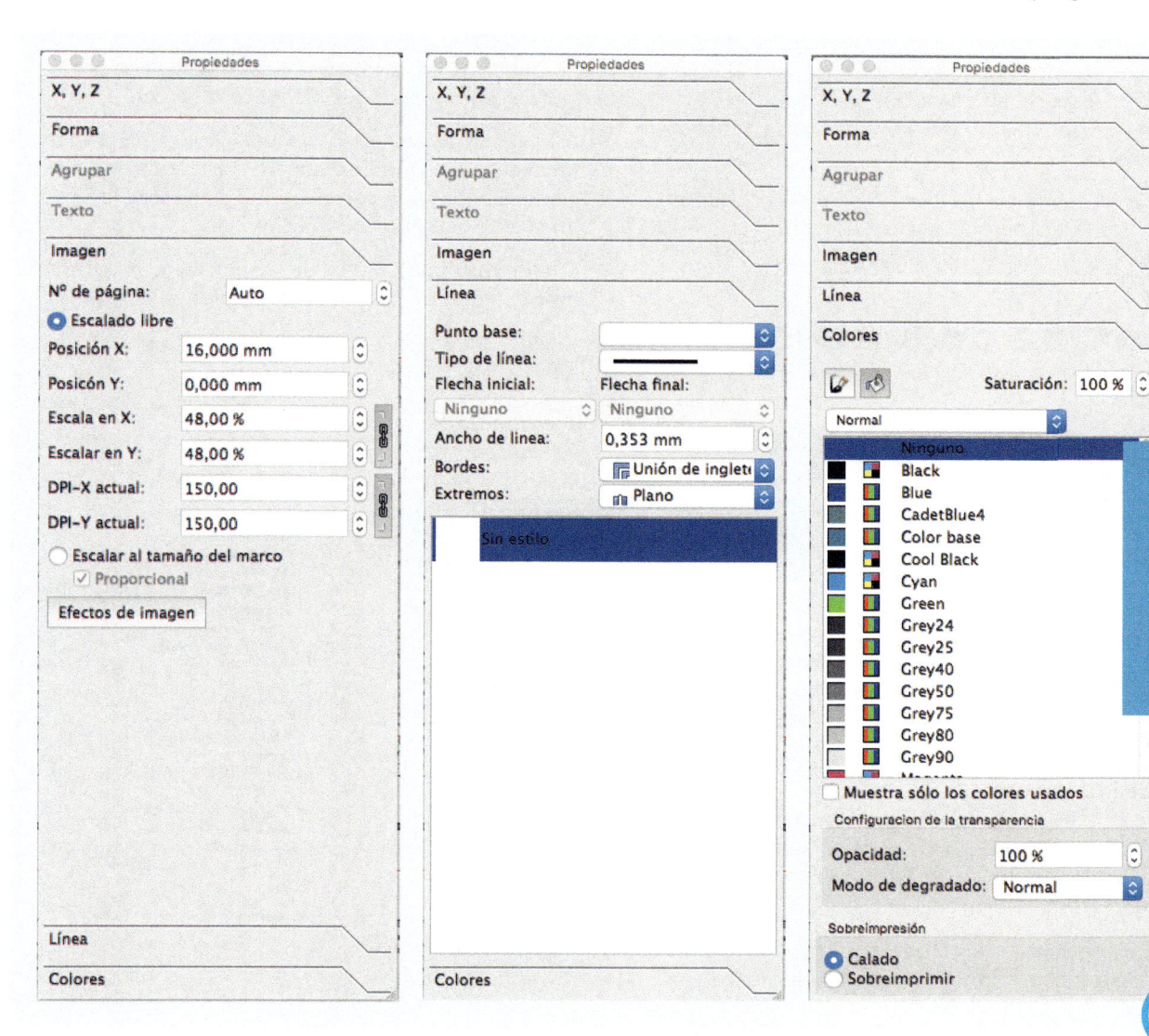

De una manera similar a programas de diseño gráfico, podremos definir también cómo se trazan las esquinas de una línea o polígono (con

chaflán, redondeadas, aplanadas) o bien cómo acaban las líneas abiertas (puntas de flecha, redondeo).

• **Colores**: Aquí podremos definir el color y el estilo de los rellenos de los objetos y formas utilizadas. Partiendo de una paleta sencilla (apenas 16 colores), podremos trabajar con la saturación y la transparencia, para conseguir multitud de tonos diferentes.

Esta ventana de propiedades será nuestra "mejor amiga" a la hora de trabajar con Scribus. Vale la pena que pierdas cierto tiempo revisando todas las opciones disponibles en cada una de las pestañas. Seguro que les encontrarás una aplicación, tarde o temprano…

Cuando lleguemos a los ejemplos prácticos, iré mostrando cada pestaña individualmente, detallando, en su caso, la función de cada herramienta o ajuste.

Ventana de Estilos (F3)

Quizá la segunda ventana auxiliar más importante en Scribus, es la de definición de estilos de línea, carácter y párrafo.

Aunque veremos diferentes consideraciones y temas para la configuración de ambos, vamos a ver brevemente la descripción de esta ventana (que puedes abrir pulsando la tecla F3, o bien mediante el menú "Editar – Estilos"):

La versión compacta de esta ventana mostrará la jerarquía de los estilos de línea, carácter y párrafo definidos. Esto será útil si queremos modificar algún estilo, ya que los cambios se "heredarán" según esa jerarquía.

En ambas variantes (compacta y completa) veremos cuatro botones para iniciar o terminar la acción de edición de estilos:

• **Nuevo**: Para crear un estilo nuevo, ya sea de línea, carácter o párrafo.

• **Clonar**: Para duplicar un estilo, como punto de partida para otro nuevo

• **Importar**: para reutilizar estilos utilizados en otras publicaciones

•   **Borrar**; Para eliminar estilos no utilizados. En caso de que borremos un estilo que sí está presente en nuestra publicación, el elemento afectado tomará los valores por defecto.

El paso de la versión compacta a la completa se hará mediante el botón "Editar >>", mientras que el paso de la versión completa a la compacta se hará mediante el botón "<< Terminado".

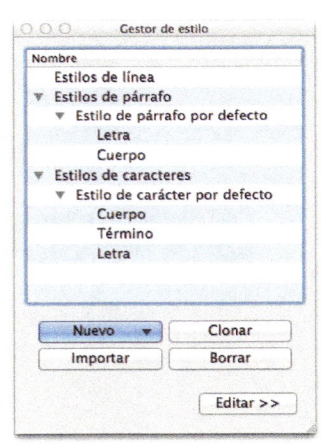

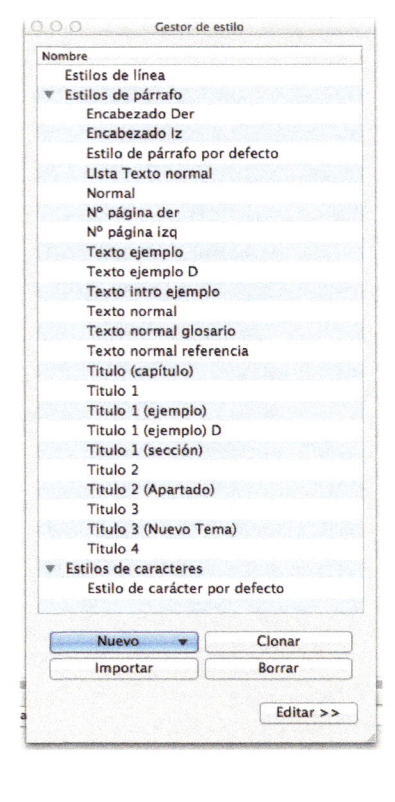

Tendremos unos estilos de partida, llamados estilos por defecto. Estos están disponibles en cualquier archivo nuevo, y podemos cambiar la fuente, el estilo de letra y su tamaño. Estos estilos serán nuestro punto de partida, a la hora de hacer una publicación nueva.

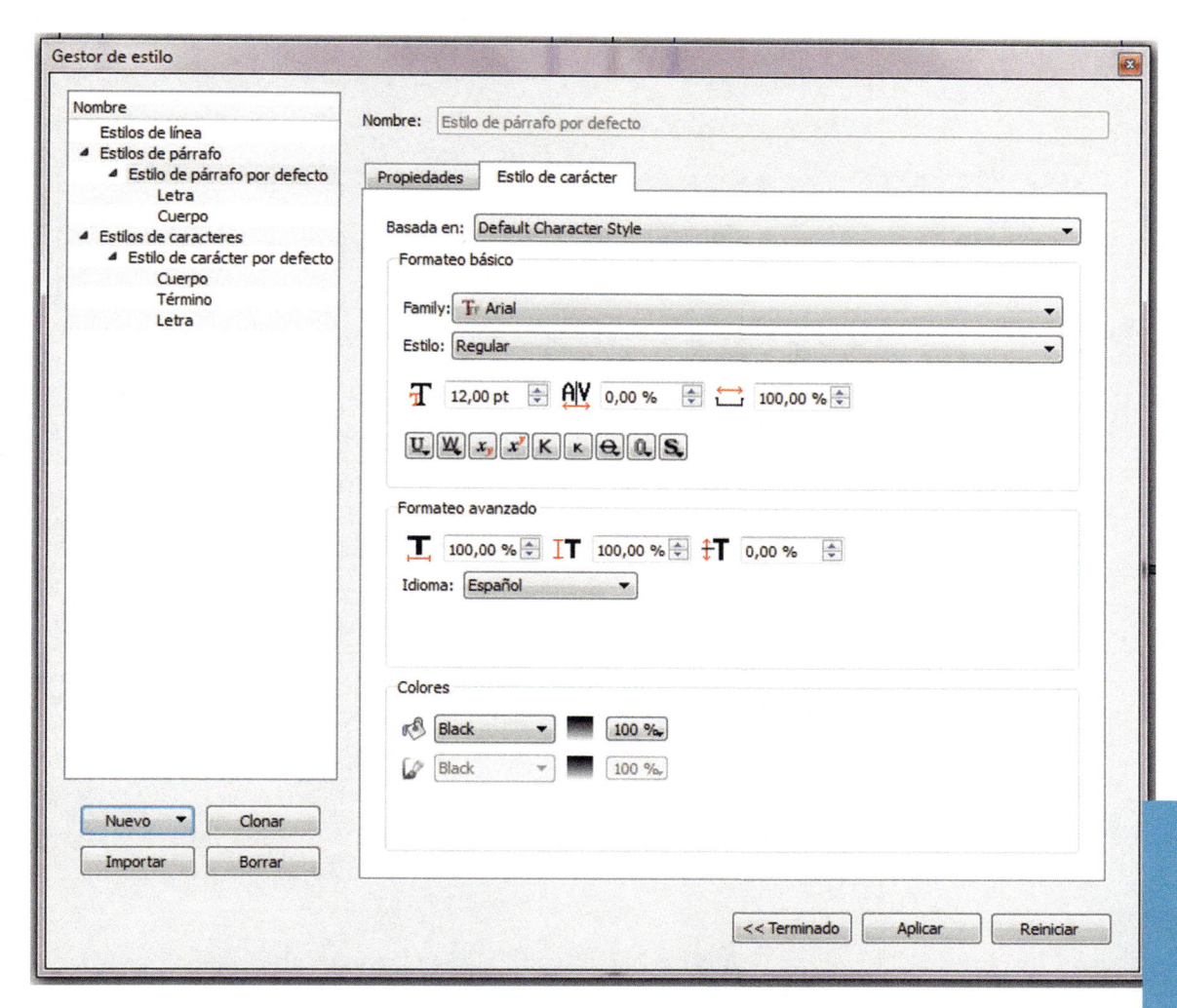

Pero también podemos decidir si los caracteres tienen una decoración especial. Por ejemplo, los caracteres pueden ser:

- Subrayados (todo el texto o sólo las palabras)
- Subíndices
- Superíndices
- Todo en mayúsculas
- Todo en minúsculas
- Tachados
- Contorneados
- Sombreados

Para todas esas opciones tienes un botón de acceso directo. Pero, además, hay ajustes avanzados que no suelen estar disponibles (al menos de una manera directa) en los editores de texto tradicionales:

- Puedes definir la separación entre letras

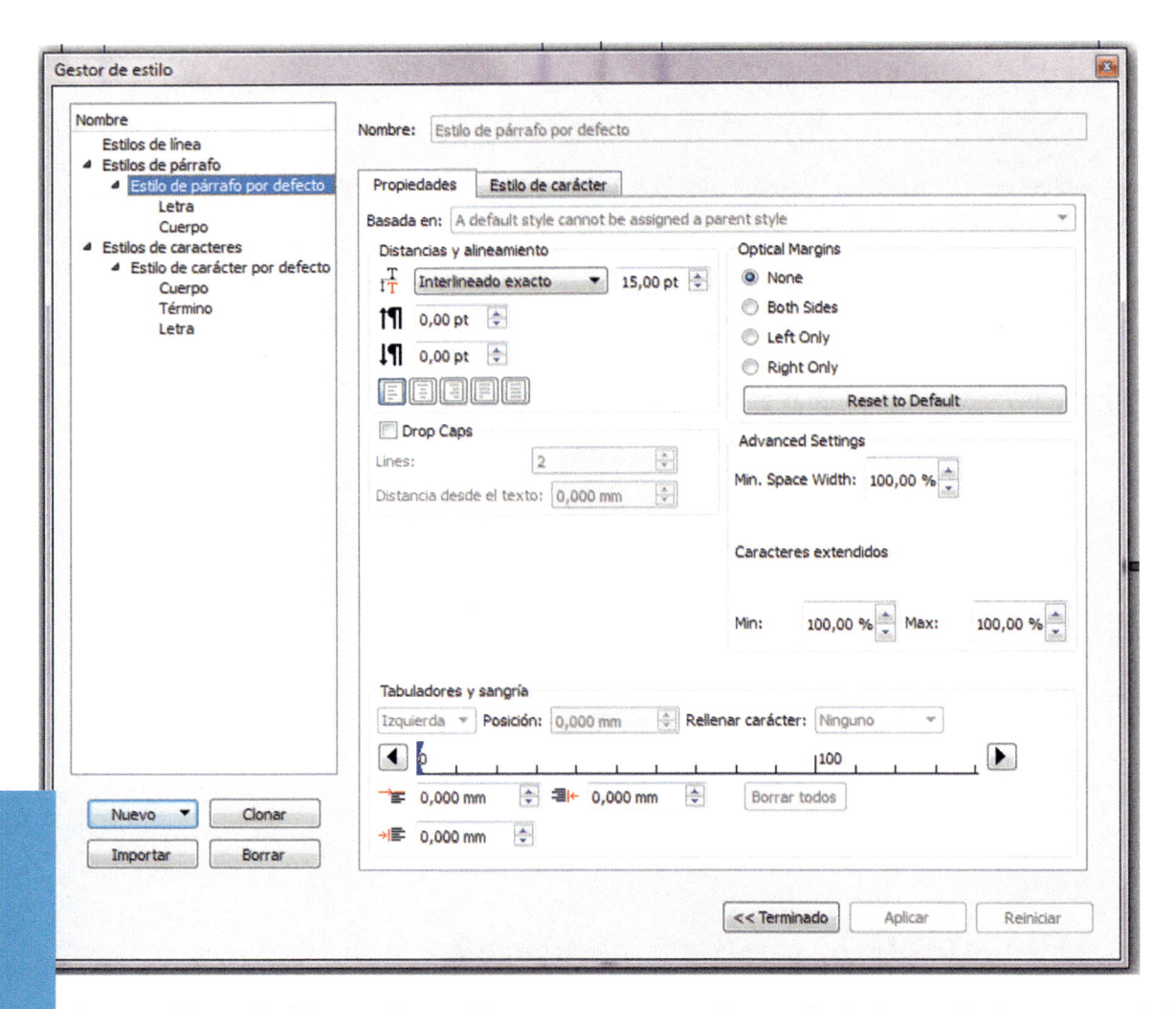

de una palabra, dándole un valor positivo (separando las letras) o negativo (produciendo un solape entre las mismas).

• Puedes definir la anchura de la separación entre palabras, con el ancho normal como valor de referencia (100%).

• Puedes modificar el ancho y alto efectivo de los caracteres dentro de su "recuadro de referencia", de manera que puedes conseguir efectos similares a los de los apartados anteriores.

• Puedes desplazar la línea de referencia (la que alinea todas las letras a la altura correcta) de manera que algunas letras queden más arriba o debajo de lo normal.

• Puedes definir el color del relleno y del contorno (en caso de que estés contorneando los caracteres).

Cada vez que quieras crear un estilo de carácter nuevo, debes hacer clic en el botón "Nuevo" y definir cuál es tu carácter de partida, si lo hay. Habitualmente, trabajarás a partir del estilo por defecto, pero ya ves que puedes modificar virtualmente cualquier parámetro...

Recuerda que debes guardar cada estilo después de definirlo (debes asignarle un nombre, que aparecerá en el árbol de jerarquía de la izquierda), pulsando el botón "Aplicar". Los estilos creados aparecerán en la lista de la izquierda, subordinados (en su caso) al estilo del que están derivados.

La definición de los estilos de párrafo es algo más complicada, y tiene una pestaña dedicada en esta ventana auxiliar. Por un lado, podremos modificar los parámetros que definen efectivamente cómo aparecerá el párrafo en nuestra publicación.

Podremos definir un interlineado, ya sea fijo (exacto) o bien relativo al tamaño de letra seleccionado; podremos indicar espacios antes y después del párrafo, junto con la alineación del mismo: izquierda, centrada, derecha, justificada o justificada-forzada (esta última fuerza a que la última línea de cada párrafo también se justifique a ambos lados, aunque contenga sólo unas pocas palabras).

Tenemos la opción de definir una letra capitular o de inicio de capítulo (drop caps), márgenes de separación respecto de los marcos de texto (veremos qué son en la siguiente sección).

Hay un ajuste de tabuladores y sangrías, idénticos a los de los editores de textos – pero date cuenta de que el ajuste está en esta ventana, y (de nuevo) no deberías hacerlo directamente sobre el documento.

También tendremos algún ajuste avanzado. Para el caso de los párrafos con texto ajustado, podremos definir la distancia mínima entre palabras, lo que le da cierta libertad a Scribus a la hora de comprimir o relajar el texto en cada línea.

En contra de lo que puedas pensar, un tipo de párrafo debe llevar asociado un estilo de carácter. El párrafo sería un elemento de un rango superior, y fuerza el cambio de estilo de carácter. Si seleccionas un texto y le aplicas un estilo de párrafo, se aplicará también el estilo de carácter concreto.

Por supuesto, una vez esto puedes editar el estilo de carácter, para recuperar o aplicar el estilo alternativo deseado.

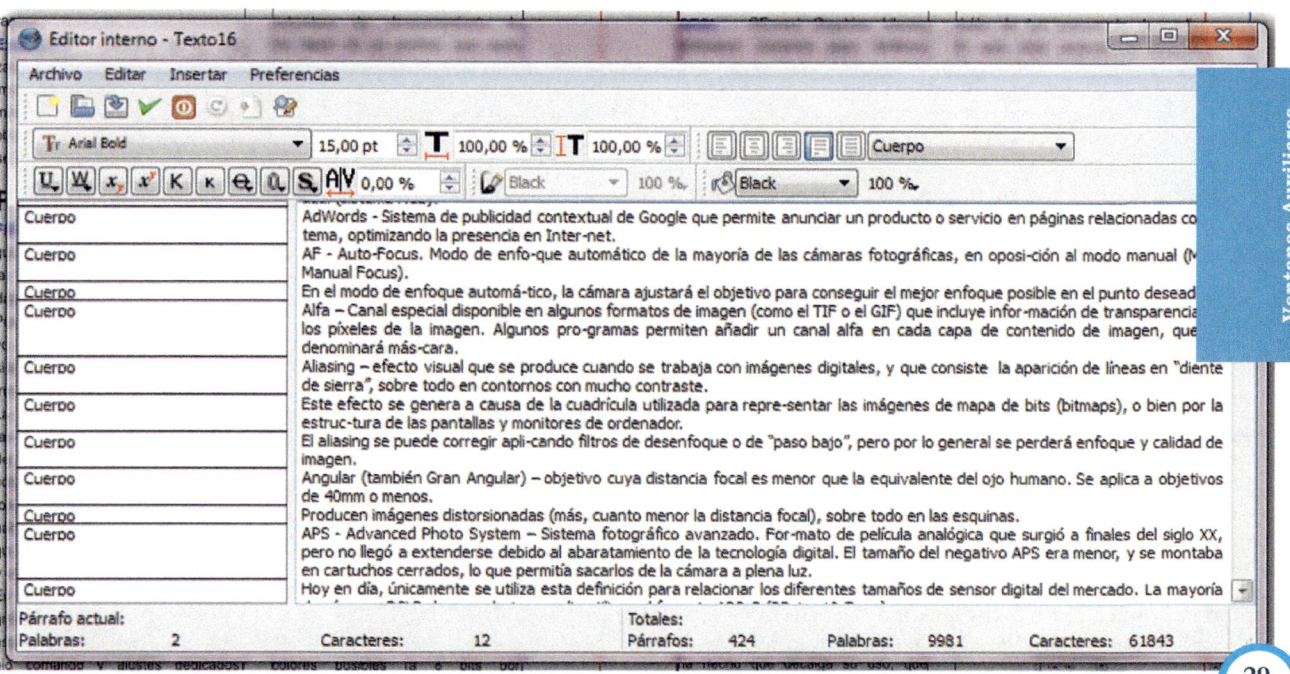

En Scribus, el estilo de carácter asociado a un estilo de párrafo dado se define en la pestaña "Estilo de carácter", dentro de la ventana de definición del párrafo. Esta ventana de definición es idéntica a la que mostramos anteriormente para la definición del estilo de carácter independiente.

Ventana de edición de textos

La ventana de edición de texto es la forma "correcta" de editar un texto en Scribus. En ella se nos presenta el texto de nuestra publicación (o el del texto seleccionado, si tenemos varios) sin formato, de manera que podamos editarlo sin distracciones.

Para abrir esta ventana, deberemos tener un texto seleccionado (activo), y pulsaremos el atajo de teclado "Ctrl + T". Alternativamente, podemos seleccionar el comando "Editar – Editar Texto…" del menú estándar.

La parte superior de la ventana está ocupada por menús, iconos y campos de entrada para los ajustes habituales del texto. En general, no es recomendable utilizarlos, y será preferible asignar estilos predefinidos a partes del texto seleccionadas.

Entonces, ¿cuál es el uso de los ajustes locales? Estos ajustes están disponibles para modificaciones concretas muy localizadas, como marcar palabras en negrita o cursiva, o cambiarles la decoración para resaltarlas.

Hay multitud de estrategias "psicológicas" en el diseño gráfico; por ejemplo, el asignar un tamaño ligeramente mayor a una palabra (por ejemplo, 8.5pt en un texto a 8 puntos) apenas se apreciará, pero fijará la atención inconsciente del lector.

En secciones posteriores veremos cuánto utilizar estos ajustes.

En cualquier caso, si preferimos hacerlo así, podemos aplicar cualquier configuración de carácter que deseemos al texto o a una parte de este: fuente, tamaño, decoración…, siempre trabajando por párrafos.

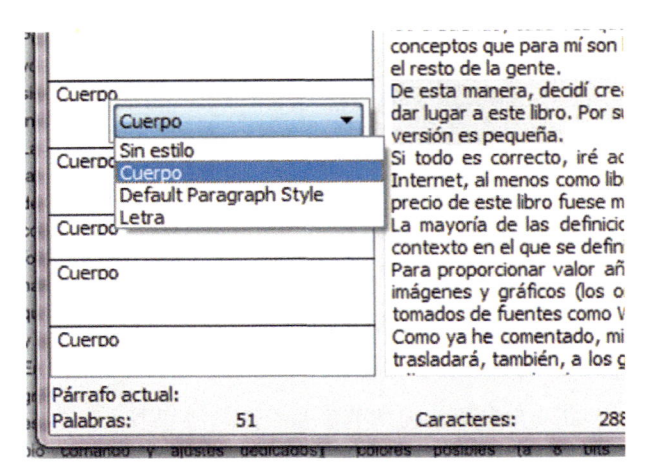

En la parte izquierda de esta ventana, tendremos una columna de estilos, que nos indicará el estilo básico seleccionado para los diferentes párrafos en la publicación.

La forma de asignar estilos de carácter y párrafo sería como sigue: en la ventana auxiliar de texto, Seleccionamos el párrafo o párrafos afectados, y hacemos clic con el botón derecho sobre la etiqueta de estilo de la columna de la izquierda, seleccionando el estilo deseado del menú desplegable que aparecerá al hacerlo.

Una vez hayamos acabado la edición del texto, bastará con hacer clic en el icono del "tic" de color verde, para que Scribus incorpore la edición al marco de texto activo. En caso de no estar satisfecho con la edición, podemos salir de esta ventana auxiliar desde el botón "1/0" (de color marrón, al lado del tic verde).

Durante la edición, tendremos la opción de ir actualizando el marco de texto (hay un botón dedicado a esta función), de manera que podemos ver cómo se ven los cambios que estamos introduciendo.

Preferencias de Scribus

Como podrás imaginar, un programa como Scribus tiene gran cantidad de parámetros y variables configurables en su ventana de preferencias. Si trabajas siempre con el mismo tipo de publicaciones, quizá sólo necesites ajustarlas una vez; en caso contrario, puede ser necesario adaptar la configuración al documento concreto con el que estés trabajando en cada momento…

La ventana de preferencias se puede abrir mediante el comando «Archivo – Preferencias», y tiene este aspecto:

La clasificación de áreas configurables de la izquierda es bastante clara, pero vale la pena repasar cada una de las «páginas» disponibles:

• **General**: hará referencia a la configuración del programa en sí mismo; por ejemplo, aquí puedes definir el idioma de las ventanas y menús, junto con su apariencia. Además, podrás modificar los directorios de trabajo, si así lo deseas.

• **Documento**: Permitirá cambiar la definición del documento predeterminado, es decir, las opciones visibles al crear un archivo nuevo.

• **Guías**: Podrás definir si las quieres ver encima (siempre visibles) o debajo de los objetos, su color, y si sólo quieres ver guías, o sólo la rejilla, o ambas. Esto se podrá cambiar más adelante, pero es una forma de definir el comportamiento de partida.

• **Tipografía**: podrás definir (por ejemplo) el tamaño de los subíndices, o las características de las líneas que se utilizarán en el subrayado o en el tachado, en caso de que los vayas a usar.

• **Herramientas**: puedes fijar los valores de partida de casi cualquier herramienta disponible para la edición. Por ejemplo, en el caso del texto podrás definir la configuración del texto por defecto, sin afectar a los estilos que hayas definido.

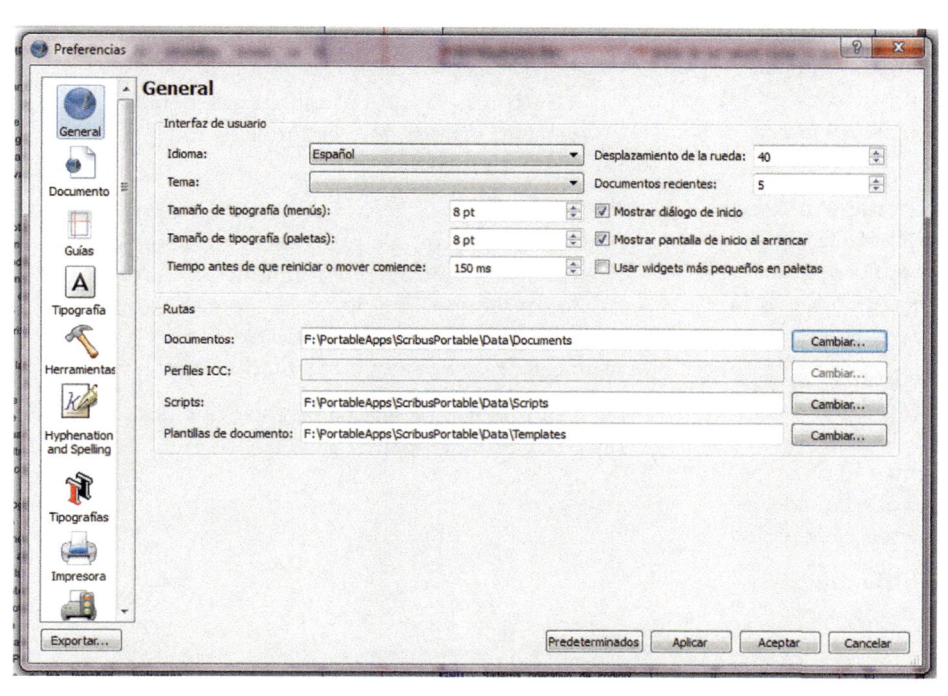

• **Hyphenation and spelling** (separación de palabras y revisión): si tienes la versión completa de Scribus, podrás comprobar tu texto e insertar guiones de separación automáticos.

• **Tipografías**: Para definir qué tipos de letra puedes utilizar o no en tu composición, definiendo (por si es necesario) las equivalencias de tipos de letra para sustituciones.

• **Impresora**: Puedes definir múltiples opciones, como las de mostrar las marcas de impresión (aunque tu archivo no las incluya) o reflejar las páginas.

• **Preflight verifier** (verificación pre-vuelo). Puedes elegir qué parámetros se comprobarán antes de generar archivos válidos para imprenta. Por ejemplo, puedes fijar el umbral mínimo de resolución para avisar de posibles deficiencias en la impresión final.

• **Manejo de color:** Te recomiendo que utilices esta opción sólo si sabes lo que estás haciendo. En este caso, puedes definir con qué perfil de color trabajarás, dependiendo del espacio de color de cada imagen.

• **Exportar como PDF:** Aquí encontrarás opciones para la creación de archivos PDF, como la preparación (o no) de miniaturas de página, que serán mostradas en tu visor de PDF para permitir una navegación más ágil por el documento.

• **Atributos de objeto del documento:** Aquí es donde se definen propiedades como la pertenencia a una tabla de contenidos, que más adelante se asignarán a objetos concretos de la publicación.

• **Tablas de contenido e índices:** Son independientes del texto principal de la publicación, y se generan de manera automática indicando un marco de texto sobre el que se presentará el resultado. Se debe elegir un atributo para crear cada tabla.

• **Teclas rápidas:** Permite modificar los atajos de teclado, o crear otros nuevos.

• **Álbum de recortes:** Podrás definir cuántos elementos se pueden almacenar a la vez en el portapapeles interno de Scribus. Ten en cuenta que esto se traducirá en un mayor o menor uso de la memoria RAM.

• **Visualización:** Para definir los colores de los marcos y guías, y qué elementos se mostrarán en pantalla, incluyendo, por ejemplo, la sombra o el área no imprimible de las páginas.

• **Herramientas externas:** para indicar las rutas a las aplicaciones de creación de archivos EPS (PostScript o GhostScript), el editor de imagen o el navegador web por defecto, para el lanzamiento de la ayuda en línea o los tutoriales.

• **Extensiones:** Muestra las funciones especiales incluidas en tu versión de Scribus. Sobre todo, se tratará de efectos y transformaciones gráficas para tus formas y marcos.

• **Palabras cortas:** Aquí puedes definir «tus» palabras cortas, tal y como se han presentado en el menú de Extras. Si piensas que has conseguido un buen resultado, quizá deberías enviarlas al equipo de desarrollo, para que las incluyan en la próxima versión…

• **Scripter:** Opción avanzada que permite ejecutar grupos de comandos (scripts) al inicio del programa.

En cualquier caso, y como recomendación general para cualquier tipo de programa, si no conoces la función de un ajuste de configuración es mejor que no lo modifiques. Según vayas ganando confianza con Scribus, podrás cambiar estos ajustes para trabajar de una manera más fluida y efectiva.

Veremos el uso de alguna de estas opciones a lo largo de este manual.

Creación de una publicación nueva con Scribus

Al igual que en la mayoría de las aplicaciones de edición, sean del tipo que sean, podremos crear un nuevo documento desde el menú «Archivo – Nuevo» (atajo de teclado «Ctrl + N», o bien «cmd + N» en Mac OS).

En este caso, Scribus presentará una ventana de diálogo para hacer una primera definición de este documento:

Nota: en la mayoría de los casos, los atajos de teclado en MacOS son idénticos a los de Windows y Linux, salvo que suelen utilizar la tecla de comando «cmd», en lugar de la de control «Ctrl».

En las capturas de pantalla realizadas sobre Mac OS, que incluyen los menús, podrás ver estos atajos.

En el resto del libro únicamente indicaré los atajos para Windows y Linux, para simplificar el texto.

Como podemos comprobar, tenemos la opción de crear documentos de página única, doble, trípticos o folletos de cuatro páginas. Podemos definir el

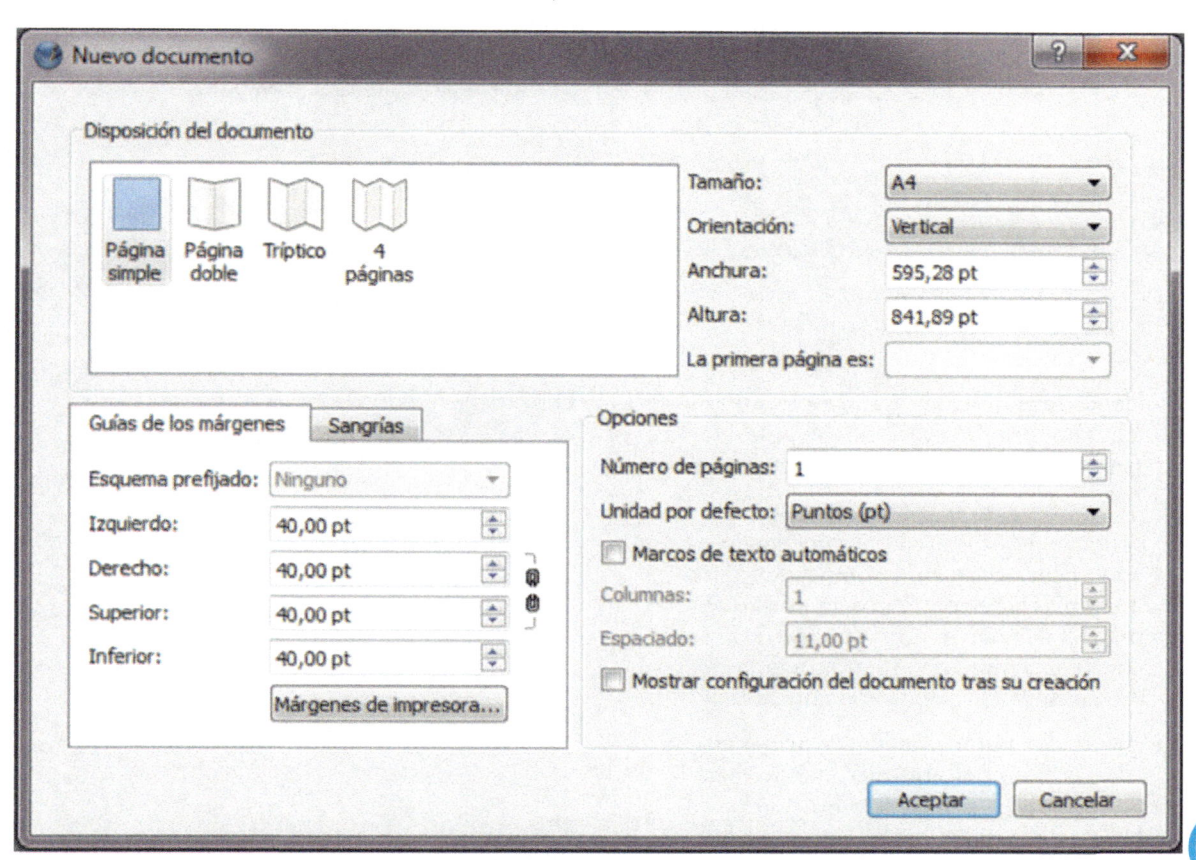

Creación de una publicación nueva

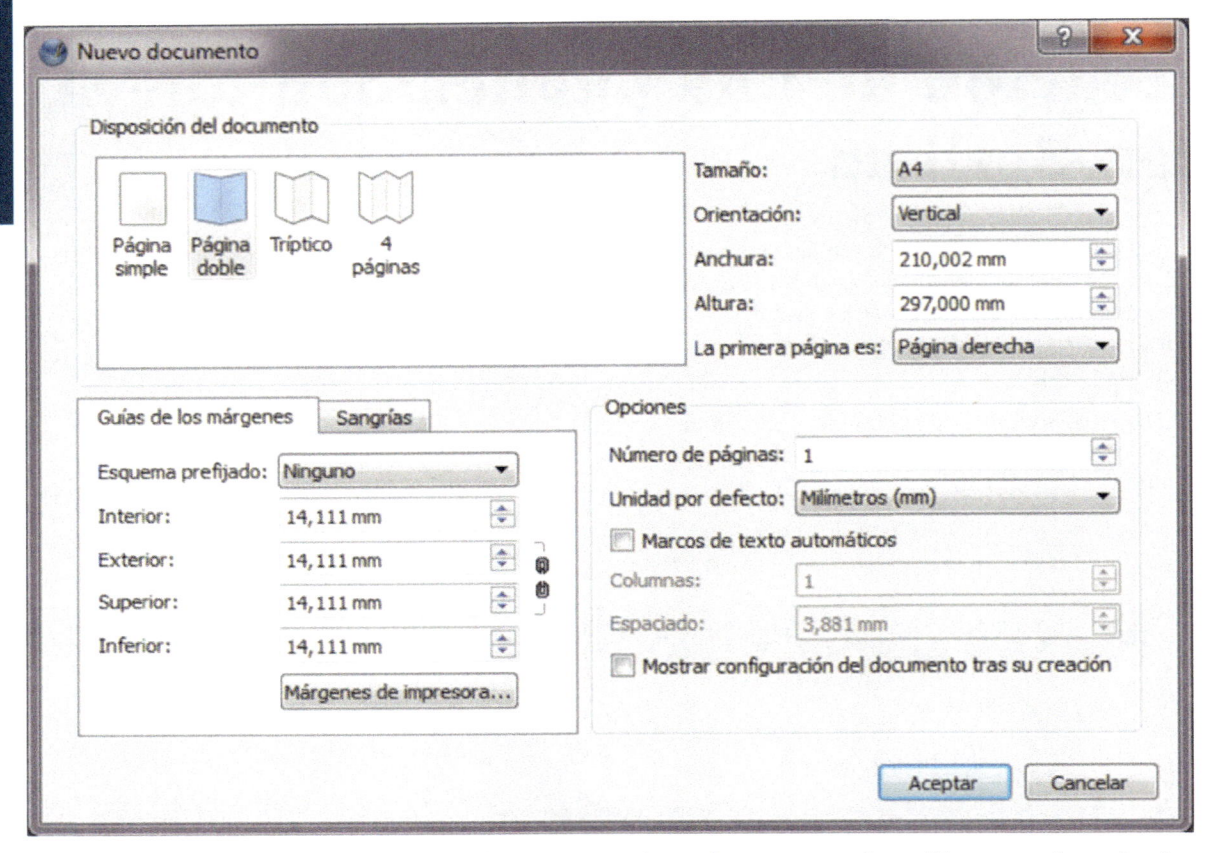

tamaño del papel, ya sea desde el menú desplegable (para formatos estándar) o introduciendo un formato concreto.

En las unidades seleccionadas, podremos definir los márgenes para nuestra publicación (recuerda, al menos deben ser los indicados por la imprenta, o en su defecto los de tu impresora).

Además, podemos indicar un número de páginas inicial (si no lo tienes claro, no te preocupes: esto se puede cambiar más adelante), y si queremos que se preparen marcos de texto automáticos desde el principio. Si es así, también podremos definir el número de columnas y la separación entre ellas.

En su momento, los puntos (unidades de medida tipográfica, con símbolo pt) fueron útiles para la definición de las composiciones, pero habitualmente trabajaremos con unidades más modernas, como los milímetros o las pulgadas.

Por ejemplo, vamos a definir un documento en tamaño A4, y simplemente cambio la unidad por defecto:

Vemos que los 40 puntos de partida son, en realidad, 14.111 milímetros. Te recomiendo cambiar este valor manualmente, quizá a 14 o a 15 milímetros. El trabajo posterior será más sencillo…

También, Scribus puede trabajar hasta con tres decimales. No creo que te encuentres un engargo tan exigente...

Esquemas de composición predeterminados

La impresión tradicional ha utilizado, desde hace muchos siglos, ciertas reglas de composición a la hora de definir la colocación del marco de texto dentro de la página. Quizá esto pueda sorprenderte, pero desde hace mucho (¡mucho!) tiempo se intenta evitar que el cuerpo del texto esté perfectamente centrado en esa página.

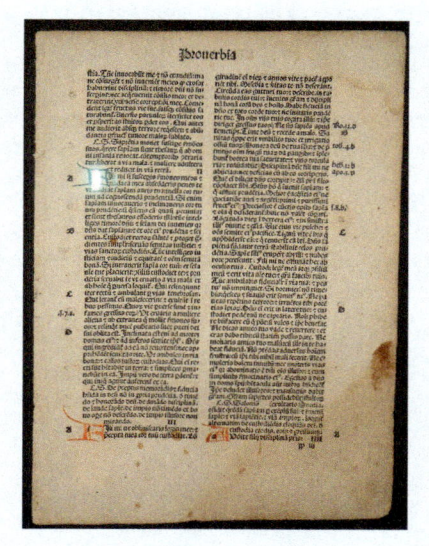

Una página de una Biblia con letra gótica (1497) impresa en Estrasburgo por J.R. Grueninger. Fuente: Wikimedia Commons / GeorgeStepanek (Public Domain)

Así, por un lado, se intentaba (en los tiempos en los que los libros se escribían y se copiaban a mano) maximizar el espacio dedicado al texto.

Pero, por otro lado, se buscaba una «armonía» en la composición que, muchas veces, incluía números, notas en el margen o incluso miniaturas o grabados.

De esta forma, se desarrollaron diferentes «estilos» de composición, siguiendo las reglas clásicas, como la proporción áurea. También, la propia encuadernación (que dificultaba no sólo la lectura, sino la misma escritura, para comenzar) fijaba unas distancias mínimas…

En la imagen de la izquierda, puedes ver cómo el margen izquierdo (correspondiente a la encuadernación) es similar al superior (salvo el título), pero menor que el derecho, que incluye notas al margen. El margen inferior es el más grande de todos.

Scribus te propone, dentro de la ventana auxiliar de nuevas publicaciones, algunos de estos esquemas de composición.

En algunos casos, puedes pensar que son una pérdida de espacio; en otros (si quieres trabajar efectivamente con notas al margen, imágenes, textos secundarios…) pueden ser realmente útiles como punto de partida.

Aquí abajo puedes ver, simplificadas, las opciones que tienes disponibles en Scribus, en el menú desplegable. De izquierda a derecha, los nombres

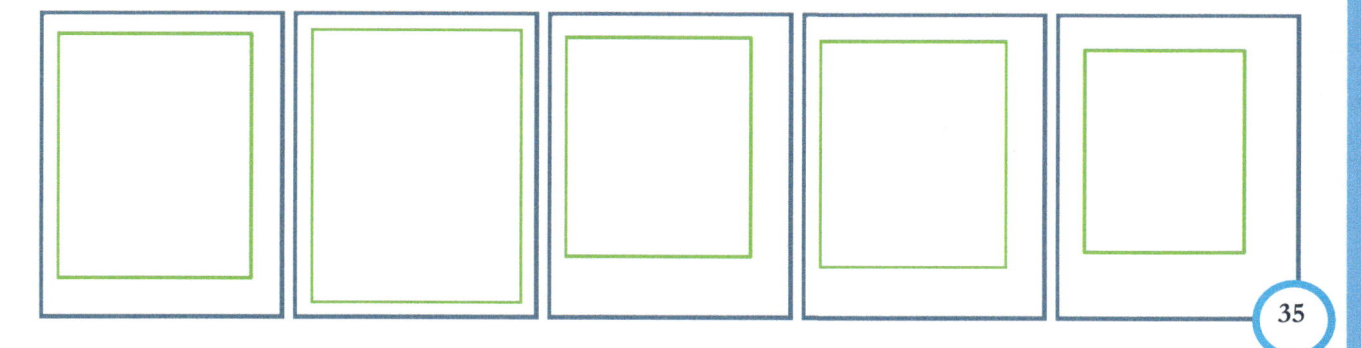

Creación de una publicación nueva

utilizados en ese menú desplegable ("Esquema prefijado") serían:

- **Gutenberg**: Podemos definir el margen interior (el de la encuadernación), y Scribus calculará los otros de la siguiente manera: El exterior será el doble, el superior 1,4142 (raíz cuadrada de dos…) veces el interior, y el inferior será el doble del superior.

- **Magazine**: Los cuatro márgenes serán iguales, sólo podremos definir el interior, en las unidades que tengamos activas en ese momento.

- **Fibonacci**: Sigue una de las reglas de creación de espirales, en este caso con la progresión 1 – 1.5 – 2.5 – 4 (nota que 2.5 = 1 + 1.5, y 4 = 1.5 + 2.5).

- **Proporción áurea:** Similar al anterior, pero utilizando la progresión 1 – 1.7 – 2.4 – 3.4, su efecto más visible es un margen inferior más pequeño que el del esquema «Fibonacci».

- **Nine parts** (nueve partes): En este caso, no tenemos ninguna opción de ajuste, ya que los márgenes se calculan respecto al tamaño del papel elegido: se divide cada lado por nueve, y se asigna ese valor al margen interior y superior (ojo, son diferentes si la página no es cuadrada). El margen exterior y el inferior serán el doble de sus opuestos. El área dedicada al contenido será de apenas un 45% de la superficie disponible del papel.

Como puedes ver en las representaciones simplificadas de la página anterior, algunas opciones son muy similares. Debes tomarlas únicamente como propuestas de Scribus – aunque puedes trabajar perfectamente con ellas, si se ajustan a tu concepto de publicación.

Alternativamente, puedes definir los márgenes como desees, de manera manual; por ejemplo, siguiendo los requerimientos de un cliente para un trabajo concreto. Pero la opción está ahí...

Si trabajas con más de una página, Scribus creará los márgenes en su posición correcta automáticamente, teninendo en cuenta, por ejemplo, si es una página impar (derecha) o si es una página par (izquierda).

Un último consejo: Parece obvio, pero tus lectores deberán tomar el libro en sus manos. Un margen muy estrecho (quizá, por debajo de diez milímetros) impedirá una lectura cómoda.

En cualquier caso, deberás comprobar los requisitos mínimos para este margen, que dependen de la imprenta o el editor seleccionado. Empresas como Amazon te indicarán un mínimo para el margen interior, dependiente del número de páginas total de tu libro.

Contenidos para Scribus

Una vez hacemos clic en «Aceptar», vemos como Scribus nos presenta nuestra(s) página(s) en blanco en el área de trabajo, con los márgenes como referencia. En este punto, ya podríamos guardar una primera versión de nuestro documento en blanco, con el comando habitual «Archivo – Guardar como…».

A partir de ahí, podemos comenzar a llenar nuestra publicación de contenidos. Pero antes, necesitamos tener en cuenta una serie de apartados, algo que nos facilitará el trabajo posterior.

Gestión de archivos

Un pequeño detalle técnico que deberías tener en cuenta. Scribus inserta los contenidos visuales que selecciones en tu publicación de manera dinámica: Realmente, no los añade al archivo, pero guarda una referencia a dónde se encuentra el documento original, permitiendo actualizar los contenidos (bajo ciertas condiciones) posteriormente.

Por ejemplo, podrías colocar una fotografía o una gráfica y sustituirla más tarde por la versión actualizada o mejorada, sin necesidad de cambiar la composición general.

Pero esto implica que no vas a cambiar estos archivos de sitio, o Scribus puede tener problemas para encontrarlos la siguiente vez que los busque…

Eso sí: Los textos se almacenarán como tales dentro del archivo. Específicamente, las ediciones locales que hagas en tu composición no se trasladarán al archivo de origen. En su momento, veremos cómo guardar estos textos corregidos, para su posterior referencia y (si es necesario) actualización o corrección.

Independientemente de que más adelante indique cómo solucionar estos posibles problemas, lo más sencillo es crear un directorio o carpeta previamente, donde vamos a guardar todos los archivos necesarios para nuestra composición: textos, imágenes, gráficos… También pueden ser varias carpetas, cada una con un tipo de documento.

La elección depende de tus preferencias personales, pero te recomiendo que lo hagas.

Y también es recomendable que estos archivos sean copias de los originales. Así, si los borras por error, siempre los podrás recuperar. Pero esto también es una recomendación, al igual que la de hacer copias periódicas del archivo SLA (formato nativo de Scribus para la composición, derivado de XML) y estos directorios o carpetas de archivos.

Eso sí: El hecho de insertar enlaces a los archivos externos facilita que el archivo SLA sea relativamente pequeño, incluso si tienes una composición muy compleja. Además, Scribus realiza sus propias copias de seguridad, añadiendo la extensión «.autosave» al nuevo documento.

Así, si tu archivo se llama «MiLibro.sla», pronto verás cómo Scribus genera otro, del mismo tamaño, denominado «MiLibro.sla.autosave». Si pierdes el original, o bien si se corrompe, puedes tomar esa copia de seguridad y quitarle esa extensión añadida. Habrás recuperado los contenidos editados hasta el momento en el que Scribus realizase esa copia de seguridad.

Y ahora, una vez te he «soltado el rollo», vamos a ver qué condiciones deben cumplir tus archivos, sean del tipo que sean.

Textos

En la gran mayoría de los casos (salvo en libros de fotografías o novelas gráficas, por ejemplo), los textos son la base fundamental de una publicación.

Idealmente, son textos producidos externamente, con un editor de textos normal, ya sea de pago (como Microsoft Word) o gratuito (Writer de OpenOffice y LibreOffice). Incluso puedes producir tus trabajos con un editor sencillo como Wordpad, o incluso Notepad (Windows) o TextEdit (Mac OSX).

Sí que es importante que el texto sea correcto, tanto gramatical como ortográficamente. Scribus no incluye un corrector, por lo que no podrás detectar posibles fallos en tu escritura. Si envías tus textos a que pasen por una corrección externa, deberías hacerlo antes de utilizarlos en Scribus.

También es importante que tu texto «definitivo» no incluya ningún tipo de formato (tipo de letra, tamaño, decoración…), ya que podría entorpecer el resultado al importarlo en Scribus. En la mayoría de los casos, será recomendable trabajar con formatos como TXT, o RTF, a lo sumo, aunque el formato actual de Word, el DOCX, también está basado en XML y no debería plantearte muchos problemas a la hora de importarlo en tu composición.

Según el tipo de publicación (no es lo mismo un ensayo que un periódico), puedes preferir el tener un único documento de partida, o quizá múltiples archivos. Aquí, no hay un consejo concreto.

Como ya he comentado, lo que sí es una buena práctica es el crear una carpeta o directorio para los textos de una publicación, de manera que sean fáciles de encontrar a la hora de utilizarlos.

Si hay algún término o acrónimo que no conoces, al final del libro tienes un Glosario en el anexo.

De todas formas, no debes obsesionarte con todas estas siglas: No es necesario…

Imágenes

Depende de para qué vayas a orientar tu publicación, las imágenes deberán cumplir unos requisitos u otros. En el caso de que vayas a hacer publicaciones electrónicas, bastará con que utilices imágenes de pequeño tamaño, quizá lo justo para llenar una pantalla (de un monitor, o bien de un lector electrónico).

En el caso de publicaciones en papel, la imprenta te exigirá, habitualmente, resoluciones por encima de los 200ppp (habitualmente serán 300ppp, o incluso 600ppp en algunas imprentas), lo que tendrá un impacto en el tamaño de las imágenes y en su «peso».

Los «ppp» (puntos por pulgada) son simplemente la cantidad de puntos diferentes (ya sean en blanco y negro o en color) que podemos dibujar en una pulgada de longitud, equivalente a 25.4 milímetros. Aquí a la derecha puedes ver, de arriba a abajo, muestras de patrones con dos, cuatro, diez y 72 puntos por pulgada, respectivamente.

Algunas imprentas te pedirán que entregues tus publicaciones en formato EPS y cuatricromía (en el sistema CMYK), aunque actualmente la tendencia es la de aceptar archivos en formato PDF con las imágenes en el sistema RGB.

En una sección posterior veremos que algunos formatos PDF implican la transformación a CMYK en el momento del guardado del archivo. Por ahora, esto no debe preocuparte mucho…

De la misma manera, Scribus puede trabajar con imágenes en la mayoría de los formatos habituales (TIF, GIF, JPG, PNG…), pero es recomendable trabajar con formatos de imagen sin pérdidas, o bien con baja compresión (en el caso del JPG) para evitar la aparición de artefactos en la publicación final.

Para hacer los ajustes correctos a una imagen antes de utilizarla en Scribus, te recomiendo que utilices un programa externo, como el gratuito GIMP: En la mayoría de las ocasiones, no se justifica el uso de programas caros como Adobe Photoshop…

Si las imágenes llegan hasta el borde de la página (esto es, también están presentes en el margen), debes contar con cierta distancia de seguridad más allá del borde teórico de la página.

Esta distancia, llamada sangría, permite que las imprentas trabajen con cierta tolerancia en sus procesos de impresión, encuadernado y corte, asegurando el resultado deseado.

Composición inicial

Una vez tienes claros los contenidos que vas a incluir en tu composición, debes decidir cómo los vas a distribuir sobre la página.

Hay elementos que tienen una localización «habitual» en la mayoría de las publicaciones, y que quizá quieras mantener, para dar un toque profesional a las mismas. Por ejemplo, puedes considerar los siguientes:

- **Números de página:** Suelen ir en el pie de página, aunque también hay libros (diccionarios, referencias) que los pueden incluir en la cabecera. En ocasiones, el número se coloca en el centro del lateral exterior, a mitad de altura de la página (pero son casos muy extremos).

Sea como sea, los números de página no se deben mezclar con el texto, de forma que limitan aún más el espacio disponible para el texto en sí.

- **Autor, título:** En algunas publicaciones, se incluye esta información como referencia, de nuevo en la cabecera o en el pie.

- **Capítulo o sección:** Un paso más de información; permite una búsqueda rápida por temas. También se suelen colocar en la cabecera o el pie, aunque algunos libros pueden incluirlo en el margen exterior.

Nota que estos elementos pueden no ser necesarios, o incluso deseables. Los libros electrónicos, por ejemplo, no deben llevarlos, ya que el usuario puede modificar el tamaño de la letra y ya no hay una definición clara de dónde acaba una página para comenzar la siguiente.

En cualquier caso, no será habitual la preparación de libros en formato electrónico con una distribución fija de los elementos, debido a la propia naturaleza «fluida» de los ebooks.

Decoración, elementos gráficos

Si tu publicación va a incluir elementos que no son textos o imágenes (por ejemplo, marcos, decoración, iconos…) debes definirlos antes de comenzar con la distribución de los elementos sobre la página. En muchas ocasiones, estos elementos también te limitarán el espacio disponible para tus textos.

Si la decoración debe llegar hasta el borde de

la página, deberás considerar una cierta pérdida por corte, igual que he indicado para las imágenes.

En cualquier caso, puede ser una buena idea la de crearte una primera composición «a mano» en un papel, para definir los límites prácticos para cada elemento. Por ejemplo, podrías preparar algo como lo siguiente:

Si es posible, deberías poder definir las coordenadas de cada elemento (medidas desde la esquina superior izquierda de la página), tal y como se ve en la imagen superior.

Estos valores te serán muy útiles (ojo, no son imprescindibles) a la hora de trabajar con precisión en tu composición – y son el motivo por el que ya te he sugerido eliminar los decimales de los márgenes en secciones anteriores.

Recuerda que todos los elementos importantes (al menos los de texto, incluidos los números de página) deben estar dentro de los márgenes definidos por el editor o la imprenta. La decoración o las imágenes, si llegan hasta el borde del papel, podrán perder una parte de su contenido en el corte final.

En el caso de este libro, las bandas laterales de color se hicieron más anchas de lo que puedes ver en tu ejemplar, para permitir el corte de la imprenta. Además, coloqué las "banderas" de capítulo de una forma similar, extendiéndose más allá de las dimensiones finales del libro.

Estas "banderas" son imágenes JPG, creadas en un programa de diseño (InkScape), para sortear el requerimiento de la distancia del texto al borde de la página.

Contenidos adicionales para tu publicación

Toma un libro cualquiera que tengas a mano y hojéalo. Seguramente, junto con el texto en sí mismo, encontrarás una serie de páginas que no están relacionadas con el mismo – o bien sí lo están, pero no son parte de ese texto.

En un libro «normal» (si tienes en tus manos la

Aspecto de una publicación compleja ("hermana" de la que tienes en tus manos), con decoración en el borde exterior (se perderá una parte en el corte), imágenes y notas añadidas. Fuente: «Blanco y Negro con GIMP», Alberto García Briz, ISBN 979-8815643802.

versión en papel de este libro, échale un ojo con detalle), puedes encontrarte con los siguientes elementos:

- Página interior con el título
- Página con datos bibliográficos, ISBN, derechos de autor, colaboraciones
- Dedicatorias
- Citas, comentarios de otras publicaciones
- Índices
- Bibliografía
- Enlaces a Internet
- Glosarios
- Mapas, planos
- Otros anexos…

Todos esos contenidos son también parte del libro, y aportan un número de páginas que no debes descuidar y que debes tener en cuenta a la hora de definir tu publicación.

Quizá no necesites muchos de ellos, aunque hay algunos (como la información bibliográfica) que son obligatorios para la mayoría de los libros (los dedicados a la venta comercial: Si preparas un libro para tu familia, o un documento corporativo para una empresa, quizá no sean necesarios).

Si no lo has hecho ya, deberás preparar estos contenidos adicionales para tu publicación. Te ahorrará muchos nervios a la hora de terminar y completar tu libro...

Además, es más que recomendable que compartan un estilo común con el resto de tus contenidos. Concretamente, deberías utilizar el mismo estilo de letra en todas las secciones, por ejemplo.

Enseguida veremos cómo uniformizar esta definición de los diferentes estilos.

Preparación de un documento

No, todavía no vamos a trabajar con los textos y las imágenes. Debes tener paciencia. Después, vendrá todo muy rápido…

Ya has creado (¡dibujando sobre un papel!) tu concepto para un documento nuevo, con un número estimado de páginas. Quizá has adaptado la idea de algún libro que tienes en tu biblioteca. Ahora, nos quedan un par de cosas por hacer: definir las páginas maestras y el conjunto de estilos que utilizaremos.

Definición de las páginas maestras

Una vez tienes una primera composición sobre papel, quizá quieras definir un formato en Scribus para replicar esta composición en todas (o al menos en algunas) de las páginas de tu publicación. Este debería ser uno de tus primeros pasos, antes de colocar contenido «real» en tu archivo.

Por defecto, Scribus tiene una página maestra de referencia para el documento que hayas elegido. Si has elegido una publicación a dos caras (como un libro o revista, por ejemplo), tendrás dos páginas maestras: una izquierda y otra derecha. Puedes verlas mediante el comando «Editar – Páginas Maestras». Deberías ver algo como la captura de la derecha.

La página que tienes en la pantalla no corresponde a ninguna página real de tu publicación, sino que es el «modelo» disponible para la página derecha. Nota que el margen izquierdo es algo mayor, tal y como hemos definido para el interior (correspondiente al lado de la encuadernación).

Los cuatro iconos que puedes ver en la ventana auxiliar tienen las siguientes funciones:

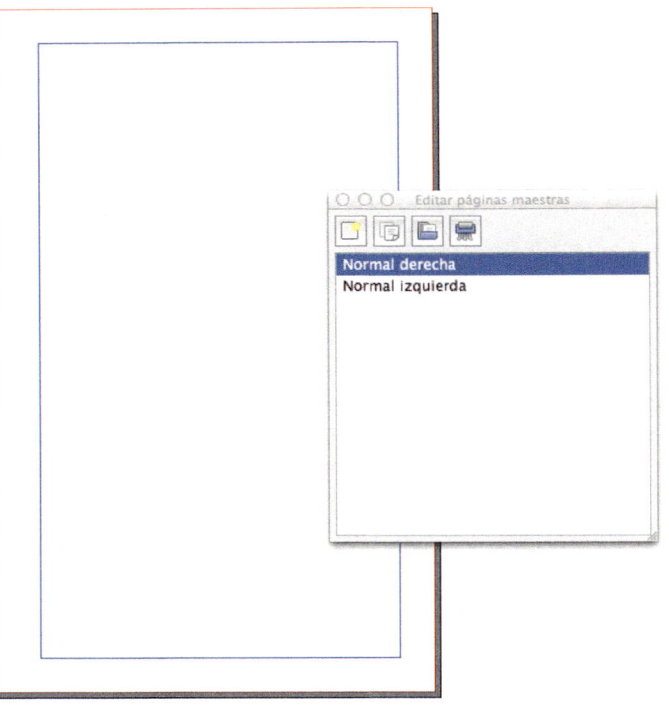

- **Nuevo**: crea una página maestra nueva. Podremos elegir si es izquierda o derecha.

- **Copiar una página maestra**: Hará un duplicado de una ya existente, si queremos reaprovechar elementos.

- **Importar de otra publicación:** Similar al anterior, pero duplicando desde otro libro, para mantener una estructura similar.

- **Borrar página maestra:** en caso de que no te guste el resultado, o de que no hayas usado una estructura concreta en tu publicación.

42

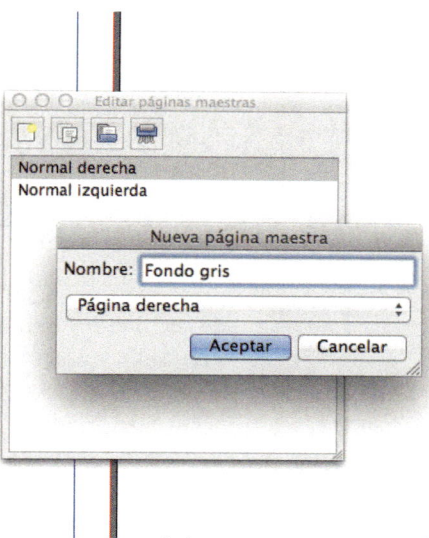

Puedes crear tantas páginas maestras como desees. Es recomendable asignarles un nombre que te permita seleccionarlas posteriormente con facilidad.

Como ejemplo, voy a crear una nueva página derecha. Le doy el nombre «Fondo gris», ya que es lo que pretendo incluir como contenido básico para mi página.

Ahora, hay tres páginas maestras disponibles, aunque la nueva sigue estando en blanco. Utilizando el menú «Insertar – Formas» coloco un rectángulo, cubriendo toda la página.

Y aquí es donde comenzamos a utilizar la ventana auxiliar de propiedades. Recuerda que puedes abrirla pulsando F2 (si trabajas en Mac OS, quizá debas utilizar el menú «Ventana – Propiedades»).

Con el rectángulo seleccionado (activo), edito sus propiedades de forma, dándole el tamaño completo de la página desde la esquina superior izquierda (correspondiente a las coordenadas 0,0):

Fíjate en que la forma dibujada presenta manejadores en las esquinas y en el centro de cada lado, para ajustarla manualmente, si lo deseamos. Pero, en lugar de eso, introduciremos las dimensiones exactas.

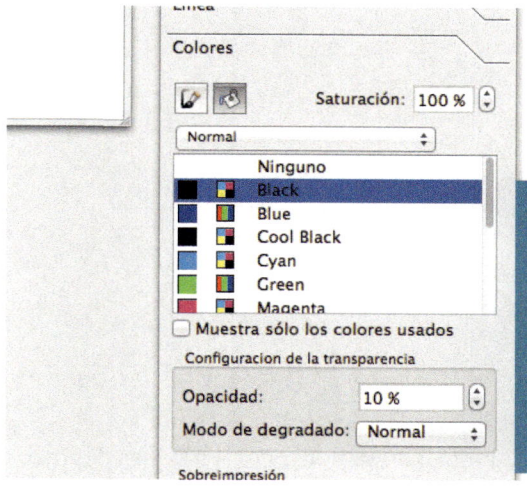

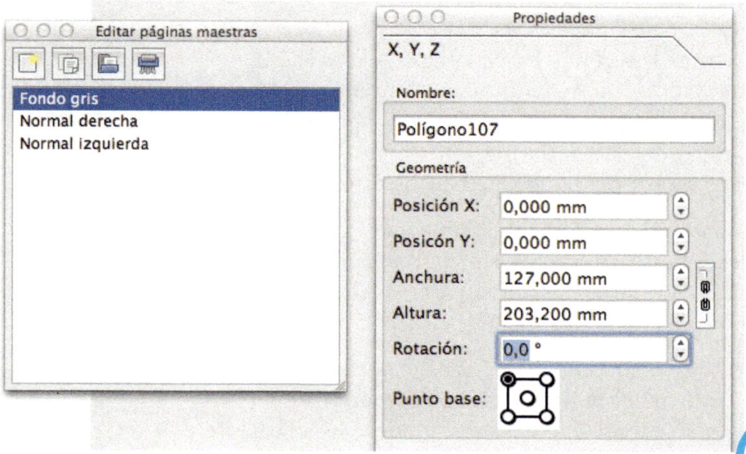

Preparación de un documento

En el caso de la versión en papel del libro original de «Manual Básico de Scribus», el formato era de cinco por ocho pulgadas, es decir 127 por 203,2 milímetros, lo que puedes ver en la captura de imagen inferior. Aplico la configuración de color, en este caso un color negro al 10%.

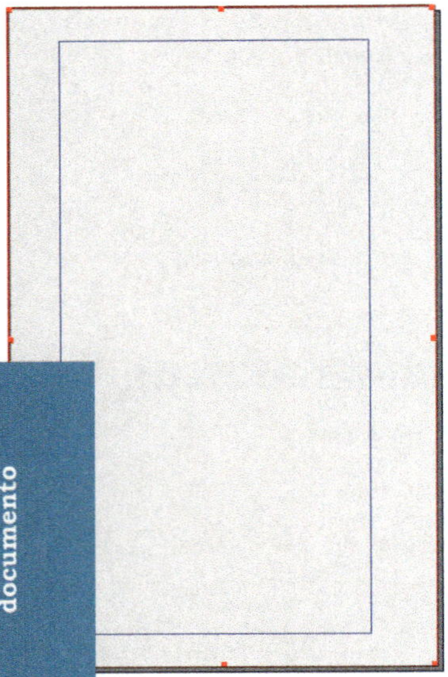

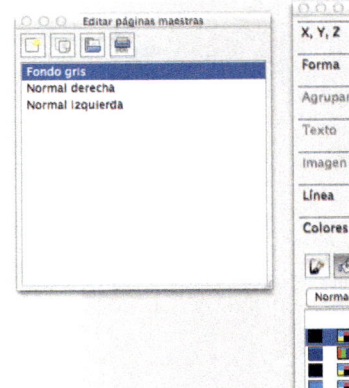

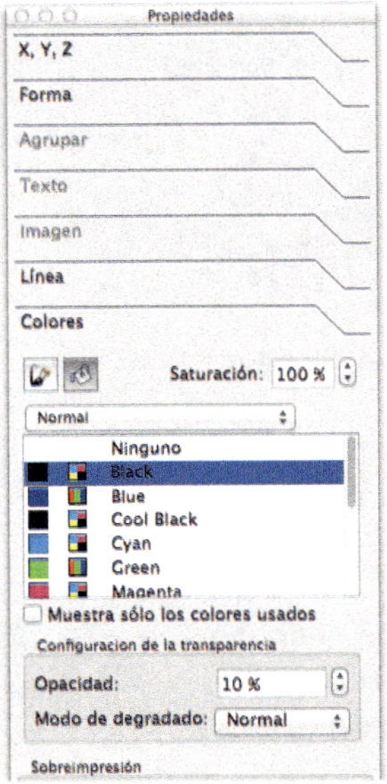

Dada la forma en la que está programada esta función, debes introducir manualmente tantos caracteres como cifras tenga tu numeración.

en el centro de la página.

Más adelante veremos algunas herramientas de alineación disponibles en Scribus. El resultado sería como el que puedes ver en la imagen inferior.

Para ver el efecto, añado un texto como título, en un tono gris algo más oscuro (no mucho más: la idea es la de superponer texto posteriormente).

También, añado el número de página, creando un marco de texto independiente al pie de esta (recuerda, dentro de los márgenes) e introduciendo

Nota que, si, por el contrario, has definido el archivo en tamaño A4 como hemos hecho anteriormente, son esas las dimensiones (210 por 297 milímetros) que deberías introducir para tu rectángulo.

Añado otra forma cualquiera, para ver el efecto. En este caso, elijo una forma de «pieza de puzzle» (mediante «Insertar – Insert Shape – Puzzle»), y le aplico un color de relleno blanco. Además, elijo que el borde no tenga color, mediante la opción «ninguno» del menú desplegable, dentro de la ventana de propiedades que hemos visto arriba.

El procedimiento sería el mismo que el del dibujo del rectángulo gris, y por tanto no se muestra aquí. La pieza la muevo hasta colocarla en el centro aproximado de la página.

Podrías calcular las coordenadas exactas (según la información disponible en la ventana de propiedades) para que estuviese exactamente el carácter automático correspondiente, ya sea desde el menú «Insertar – Carácter – Page Number» o con el atajo de teclado «Ctrl + Alt + Mayús. + P».

Si el libro tiene, por ejemplo, 120 páginas (tres cifras), deberás introducir tres caracteres iguales.

Como puedes ver en la captura siguiente, ahora nuestra página maestra contiene los cuatro elementos.

Cuando los apliquemos a una página concreta, Scribus los presentará bajo la misma, y no podremos editarlos. El número de página, como texto automático, se modificará de acuerdo con la página donde estemos aplicando el ajuste.

Dependiendo de cómo sea tu publicación, puedes buscar diseños especiales para determinadas páginas, como pueden ser:

- Las páginas iniciales, que no suelen incluir la numeración de página.

- Las páginas del «cuerpo» de tu publicación, con numeración y otros elementos añadidos (encabezados, pies de página...).

- Páginas de separación entre secciones.

- Páginas especiales (por ejemplo, para incluir fotografías, gráficas o elementos que no sean de texto).

Así, repetiremos el proceso tantas veces como sea necesario para conseguir todas las plantillas que usaremos en nuestro libro. Estas plantillas se guardan dentro del mismo fichero SLA, y podrás aplicarlas tantas veces como desees en un diseño concreto.

Ahora, puedo cerrar la ventana auxiliar de páginas maestras. Scribus guardará los cambios automáticamente. Más adelante, veremos cómo aplicar estas páginas maestras en nuestra publicación.

También, en una sección posterior, trataremos el tema de la creación de textos automáticos, algo muy útil, por ejemplo, para la colocación de números de página, pero también de encabezados o textos en el pie.

Definición de un conjunto de estilos

Junto con la estructura de tus páginas, el otro punto clave será el de una correcta selección de estilos de texto para tu publicación.

Dependiendo de la complejidad de tu texto y el estilo que quieras darle, deberás definir un número mayor o menor de fuentes diferentes.

Como hemos visto anteriormente, podremos modificar estas propiedades desde la ventana auxiliar de propiedades, pero primero debemos definir ese conjunto de estilos inicial.

Al menos, deberás fijarte en cuatro apartados distintos, que vamos a ver a continuación:

El tipo de letra (fuente)

En publicaciones en papel, las letras con terminaciones o decoración (llamada serif) permiten crear una «línea visual» que, en teoría, facilita la lectura. La proximidad aparente entre letras producida por estas terminaciones «guía» a la vista a lo largo del texto.

Sin embargo, en libros electrónicos (y pantallas en general) los tamaños más pequeños pueden producir solapes (superposiciones) y pérdidas de definición, por lo que tradicionalmente se han utilizado los tipos de letra sin serif.

Serif Serif

Izquierda, letra con tipo «Times New Roman», con serif. Nota cómo los pies de las letras «r», «i» y «f» parecen estar casi unidos. Derecha, letra «Arial», sin serif

También hay otros tipos de letra que simulan el trazado de la escritura manual. No suelen ser recomendables para textos largos, por el esfuerzo visual añadido para reconocer las letras. Sí que pueden ser válidas, por ejemplo, para incluir un recuadro (quizá, simulando una carta).

Al final, es una decisión tuya, pero es recomendable mantener la misma estrategia en todos los estilos que definas para una publicación.

El tamaño de la letra

Al definir títulos y subtítulos, es habitual fijar tamaños de carácter diferentes, para resaltar la importancia de aquellos. Si decides hacerlo, puedes optar por dos estrategias, ambas válidas:

- **Puedes utilizar una cantidad fija** para definir la diferencia entre tamaños, según la jerarquía del texto. Por ejemplo, añadiendo dos puntos cada vez, desde un tamaño de **ocho puntos** para el texto normal:

14 pt: Título 1

12 pt: Título 2

10 pt: Título 3

8 pt: texto normal

- **Puedes definir un «factor de multiplicación»**. Por ejemplo, hay gente que trabaja con un valor próximo a la proporción áurea (x1,6), comenzando desde el valor del texto normal, para dar como resultado

33pt: Título 1
20 pt: Título 2 (20,48)
13 pt: Título 3 (12,8)

8 pt: texto normal

Dada la gran diferencia de tamaños (sobre todo, si tienes muchos niveles de títulos), hay gente que opta por **utilizar valores más bajos para este factor de multiplicación**, por ejemplo 1,4:

22 pt: Título 1 (21,95)
16 pt: Título 2 (15,68)
11 pt: Título 3 (11,2)

8pt: texto normal

Una vez más, la decisión es tuya, pero deberías intentar definir un sistema que resulte agradable a la hora de la lectura. Seguramente, deberás probar varias combinaciones antes de decidirte por la «tuya» propia.

Estas combinaciones se definirán para el documento que tengas activo. No es necesario que las mantengas entre tipos de publicaciones diferentes.

Y debes tener en cuenta que cada familia de caracteres define la altura de manera ligeramente diferente. No será lo mismo una letra «Times New Roman» de 12 puntos que una «Courier» del mismo valor…

Como suriosidad, esta nueva edición del "Manual Básico de Scribus" está basada en el tipo Garamond con un tamaño de letra de 11 puntos. Los títulos de capítulo están a 24 puntos, los de título del siguiente nivel a 18 puntos, y los de tercer nivel a 14.

Pero esto fue una decisión personal, después de varias pruebas, y para una publicación a dos columnas, que "pide" un tamaño de letra contenido.

La decoración de la letra

El tercer factor a la hora de definir un tipo de texto en Scribus será la decoración de la fuente. Aquí, de nuevo encontramos varios apartados a tener en cuenta:

- **Los diferentes tipos nativos disponibles** para una familia de fuentes concreta: normalmente, las fuentes OpenType o TrueType incluyen la definición de caracteres en negrita, cursiva y ambas. Otras fuentes añaden diseños más anchos o estrechos, o perfilados (huecos).

- **Efectos de color:** El uso de un color diferente entre el texto normal y los títulos (o incluso entre diferentes niveles de título) permite destacar también partes concretas del texto. Este libro ha utilizado esta estrategia, incluyendo los títulos en diferentes tonos de azul.

- **Otros efectos:** Según el software que utilices, dispondrás de más ajustes para tus caracteres. Sombreados, subrayados, tachados… pero debes comprobar que tu impresora (o la imprenta) sea capaz de reproducir ese efecto: un sombreado agradable en la pantalla se puede convertir en un borrón en el papel.

En cualquier caso, deberás comprobar que la combinación de tipo, color y otros efectos produzca un efecto agradable para su lectura. Caracteres con la decoración muy recargada pueden producir una fatiga visual, y el rechazo por parte del lector.

Carácter y Párrafo

En Scribus, hay una diferenciación muy fuerte entre la definición de un carácter y la del tipo de párrafo, tal y como vimos al presentar las ventanas auxiliares.

La definición de párrafo incluirá, junto con un carácter predeterminado (de los que hemos definido), consideraciones sobre interlineados, indentados, caracteres especiales de inicio de párrafo…

Idealmente, deberíamos definir un tipo de párrafo para cada tipo de carácter, aunque, si tenemos varios caracteres similares (sobre todo en tamaño), podemos reutilizar el mismo tipo de párrafo.

La ventana auxiliar de estilos

Ahora es el momento de utilizar la ventana de estilos presentada en las secciones anteriores. Recuerda que, para abrirla, debes pulsar la tecla F3, o bien utilizar el comando «Editar – Estilos».

Según el tipo de publicación que tengas en mente, te sugiero crear varios estilos de carácter, y al menos dos estilos de párrafo: el de texto normal y el de «otros tipos» de texto, como los encabezados o los títulos.

Debes tener en cuenta los conceptos presentados en la sección anterior.

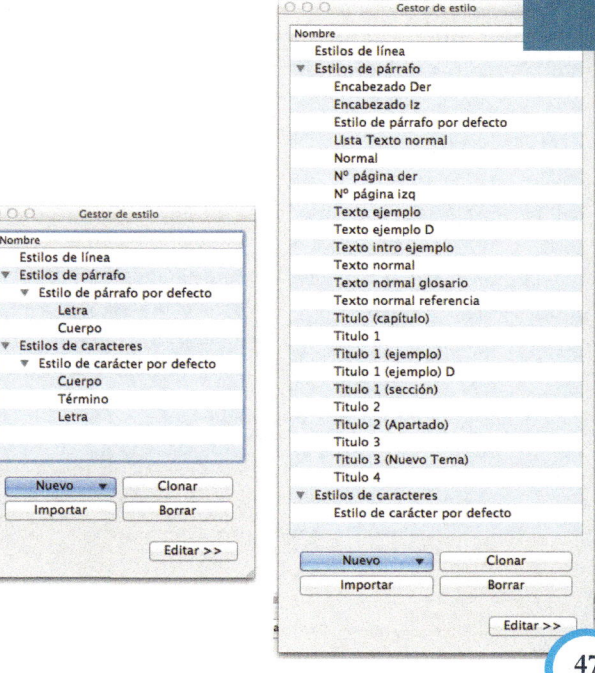

Al terminar, deberías tener un árbol de jerarquías en la ventana de estilos parecido a los que puedes ver en la página siguiente. De nuevo, la cantidad de estilos, su complejidad y las relaciones entre ellos dependerá del tipo de publicación que estés haciendo. A continuación, puedes ver dos ejemplos claramente diferentes:

Sobre la propiedad de las fuentes

Un tema poco conocido entre los diseñadores aficionados es el de la autoría de las fuentes disponibles en nuestro sistema. Podemos pensar que, porque están ahí desde la instalación «limpia», son de libre acceso.

Sin embargo, podríamos encontrarnos con que algunas de las fuentes que queremos utilizar están protegidas por sus correspondientes derechos de autor. Hay diseñadores y equipos de estos que se dedican a crear nuevas fuentes para distintas aplicaciones, y en muchos casos las proporcionan con una licencia de pago.

De hecho, aunque utilices fuentes disponibles por defecto en la instalación de tu sistema operativo, estas podrían tener algún tipo de limitación en su uso (por ejemplo, solo para uso personal).

Así, la mayoría de los sistemas incluyen un gestor de fuentes (Mapa de Caracteres en Windows, Catálogo Tipográfico en Mac OSX) desde el que deberías poder acceder a los términos de la licencia de tus fuentes.

Por ejemplo, abajo a la izquierda puedes ver la información disponible, en Mac, para la fuente Arial.

Por cierto, ahí puedes ver también si es compatible con el idioma español, lo que te permitirá, por ejemplo, trabajar con acentos o con la letra «ñ».

En este caso, nota que nos redirige a los términos y condiciones generales del sistema operativo, o de la suite de Office que tengas instalada. Son esos archivos que, habitualmente, aceptamos sin leer… Quizá debas hacer una búsqueda más exhaustiva. La fuente Garamond (con decoración o serif), por su parte, incluye mucha información de licencia, tal y como puedes ver en la captura de la página siguiente.

Ahí puedes leer que la licencia resalta la propiedad intelectual de la empresa (Monotype Typography); de nuevo, indica que se ha distribuido dentro de otro producto (S.O. o paquete de ofimática), y se permite el uso personal en un ordenador, incluyendo la impresión. Lo que no se permite, por ejemplo, es la redistribución del archivo de fuente.

Por lo general, puedes estar tranquilo si trabajas en publicaciones propias, quizá con tiradas reducidas y que no incluyan la distribución de las fuentes utilizadas.

Pero si te planteas un trabajo más profesional, quizá debas considerar la compra de licencias extendidas de estas fuentes (solo de las que utilices…), de manera que estés cubierto desde el lado legal.

Alternativamente puedes utilizar fuentes OpenType, desarrolladas o publicadas con una filosofía similar al software libre. Suites

Información incluída con el tipo de letra Garamond. Nota que hay un extenso apartado dedicado a la licencia.

como LibreOffice incluyen unas cuantas fuentes, con y sin serif, que podrían ser suficientes para tu trabajo.

Plataformas como Google (en fonts.google.com) también incluyen un cierto número de fuentes libres, con algunos artículos útiles respecto a sus combinaciones de cara a producir diseños visualmente atractivos.

Eso sí, el principal objetivo de Google es la mejora de las páginas web (tanto en diseño como en legibilidad y rapidez de carga), por lo que algunas aplicaciones específicas podrían no estar cubiertas por su licencia.

En la captura de la págins siguiente puedes ver cómo Google proporciona también las herramientas para incrustar las fuentes en las páginas web, de manera que estas sean reconocidas por la mayoría de los navegadores.

En cualquier caso, deberías conocer qué fuentes tienes instaladas en tu ordenador, para decidir cuáles puedes utilizar en tus publicaciones y composiciones. Los sistemas operativos también permiten, en ocasiones, la impresión de listas de fuentes, para que tengas una referencia física siempre a mano.

Recuerda que Scribus también te proporciona

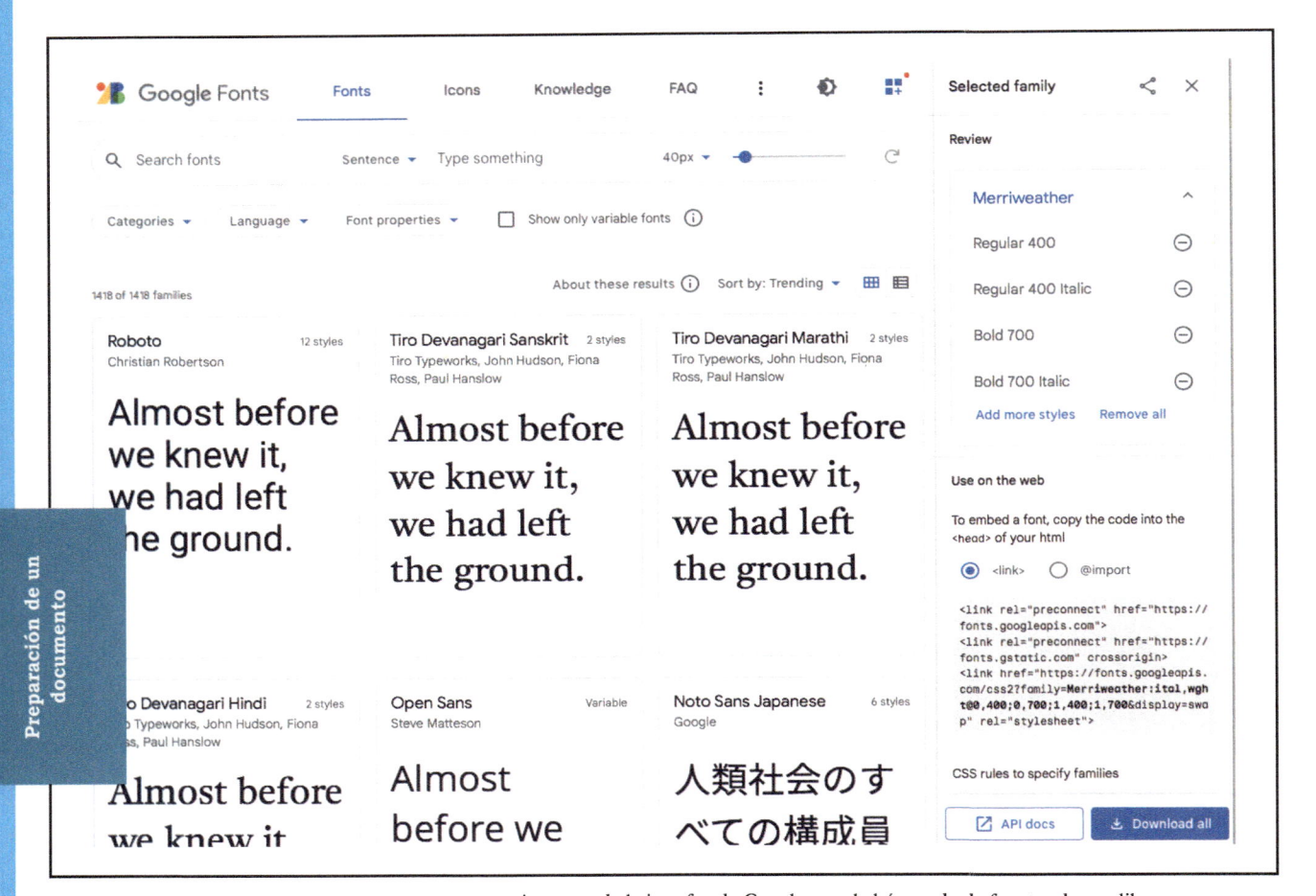

Aspercto de la interfaz de Google para la búsqueda de fuentes de uso libre.

esta opción, desde el comando «Extras – Vista previa de la tipografía».

Al final, se tratará de adaptar tu publicación a lo que espere tu público de ella. Una buena práctica es la de revisar libros similares al que estamos preparando (ya sean novelas, libros de poesía, libros prácticos como este...) y tratar de comprender por qué se maquetaron de esa forma concreta, intentando decidir qué decisiones te parecen correctas y cuáles estás dispuesto a cambiar, para buscar un resultado diferente.

Mi consejo es siempre el mismo: Salvo que busques un resultado muy específico, no hagas experimentos "raros" ni uses fuentes que no se puedan leer bien. Salvo excepciones, las fuentes son solo el medio para trasmitir el mensaje de la publicación, y no deberían quitarle protagonismo.

> Este punto es importante. Scribus considera que "tu" decisión sobre el tamaño y la posición de los marcos es prioritaria, y no adaptará el tamaño del marco al texto.

Montaje de textos

Muy bien, vamos a trabajar (¡por fin!) con textos. Veremos que el proceso consta de tres pasos diferenciados: Creación del marco de texto, importación del contenido y aplicación del estilo o conjunto de estilos.

Creación de marcos de textos

En la página donde quieras colocar un texto, pulsa el atajo de teclado "T" (sin nada más: ni Control, ni Alt...). El cursor del ratón cambiará a una cruz de trazos finos, que (según el nivel de zoom que tengas en ese momento) te permitirá trabajar con precisión.

Si tienes activadas las guías o la cuadrícula, notarás cómo el cursor se "pega" a éstas; en cualquier caso, debes trazar un rectángulo de la manera habitual (clic en una esquina, arrastra el ratón con el botón pulsado todo el rato, suelta en la esquina opuesta).

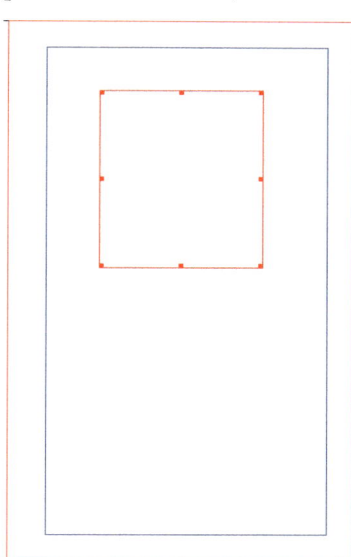

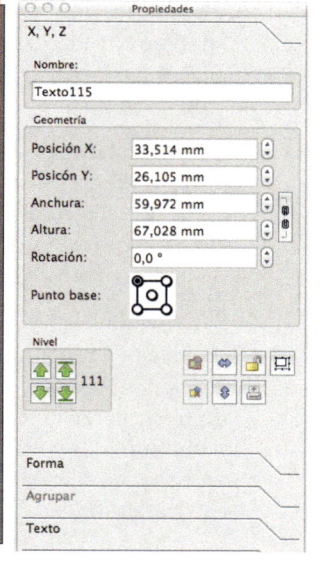

El recuadro aparecerá vacío por defecto. Lo único que has hecho es definir lo que será la localización de tu texto. Antes (o después...) de hacerlo, puedes decidir hacer un posicionamiento más preciso del marco de texto, mediante una entrada manual en la ventana de propiedades (F2 o menú "Ventana – Propiedades").

Aquí es donde es realmente interesante conocer los valores de las coordenadas en las que quieres colocar tus elementos; es el motivo por el que te recomendé no trabajar con tres decimales en el margen...

Puedes introducir manualmente las coordenadas (X e Y) en los respectivos campos de entrada, junto con el valor de anchura y altura deseados. Si quisieras, podrías aplicar también un giro al marco completo, lo que produciría líneas de texto en diagonal. Puede no ser útil en un texto normal, pero quizá lo encuentres interesante a la hora de crear un folleto o revista...

Importación de texto

Una vez el marco tiene las dimensiones correctas y está en la posición deseada, pasaremos a añadirle contenido.

Para ello, utilizaremos el atajo de teclado "Ctrl + I", o bien el comando "Cargar Texto…", que aparece al hacer clic con el botón derecho del ratón sobre el marco vacío.

Scribus mostrará una ventana tradicional de apertura de archivos, para cargar el texto deseado. Como ya he indicado anteriormente, es preferible que el texto no incluya gran cantidad de información de estilo, ya que Scribus intentará mantenerla hasta donde sea posible, ignorando, en su caso, los ajustes que hayamos definido para la publicación actual en nuestra ventana auxiliar de Estilos (F3).

> De nuevo, la edición que puedes hacer en Scribus será más lenta que la que podrías hacer con tu procesador de textos.
>
> Y, en el mismo sentido, no deberías usar esta opción para crear nuevo texto, sino sólo para modificarlo.

Preparación de un documento

En cualquier caso, una vez seleccionado el archivo Scribus cargará el texto dentro del marco seleccionado, indicando si hay desbordamiento o no (veremos en qué consiste este desbordamiento en una sección posterior, y cómo arreglarlo).

Aplicación de estilos al texto

Una vez que vemos el texto dentro del marco, podemos modificar el estilo de carácter y de párrafo, asignando alguno de los que hemos definido anteriormente. En Scribus, tendremos tres formas de hacerlo:

Edición directa del marco de texto

Si seleccionas un marco de texto en Scribus con un clic simple sobre el mismo (se rodeará con una línea continua roja), puedes modificar las propiedades de todo el texto contenido en el marco.

Con este marco activo, ve a la pestaña de Texto de la ventana auxiliar de propiedades.

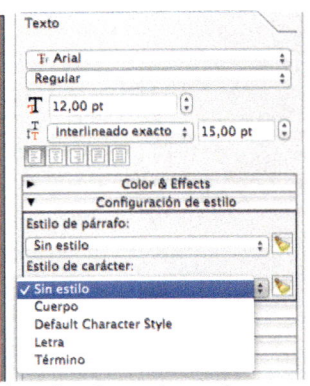

Por ejemplo, puedes cambiar el estilo de carácter de todo el texto, o bien el de párrafo. En el primer caso, sólo modificarás la fuente, tamaño y decoración; en el segundo, podrás modificar los interlineados, indentados, separaciones entre párrafos…

También puedes editar casi todos los demás parámetros habituales (fuente, tamaño, decoración, alineación…) desde la ventana de Propiedades. De nuevo, podemos comprobar que es una herramienta muy útil, ya que tiene la mayoría de ajustes localizados en un espacio reducido, "siempre a mano".

Las diferentes opciones están disponibles mediante el uso de los menús desplegables que puedes ver en esta pestaña, organizados por temas.

Pero en algunos casos esta edición es demasiado extrema, ya que puede que no nos interese alterar partes concretas del texto dentro del marco, como por ejemplo los títulos. En ese caso, nos interesará utilizar otra de las formas de edición que veremos a continuación.

Ventana auxiliar de textos

Con el mismo marco de texto seleccionado, podemos abrir la ventana auxiliar de edición de textos (editor integrado), mediante el atajo de teclado "Ctrl + T", o bien con el comando "Editar – Editar Texto…"

En esta ventana, podremos seleccionar párrafos independientes y asignarles estilos como vimos en la presentación de la ventana auxiliar en secciones anteriores. Ahora podremos editar el estilo de uno o varios párrafos por separado del resto del texto.

Si tienes un texto distribuido entre varios marcos de texto (veremos en qué consiste esto en la sección siguiente), en la ventana auxiliar de edición de texto verás el texto completo, por lo que debes tener cuidado para que tus ediciones para un marco concreto no afecten la composición en otros marcos.

En principio, en esta ventana auxiliar ya puedes seleccionar palabras o frases concretas, y (después de aplicarles un estilo genérico) modificar su configuración. Por ejemplo, podrías marcar aquí las palabras importantes en **negrita**, o los términos en otros idiomas en *cursiva*.

Aun así, la ventana de edición de texto no muestra el resultado de estos cambios en el estilo o la decoración; deberá aceptar los cambios para que se trasladen al marco de texto activo.

Si tienes que hacer "muchas" modificaciones, puedes ir actualizando el contenido de este marco periódicamente, haciendo clic en el botón

O bien mediante el atajo "Ctrl + U" o el comando "Editar – Actualizar el marco de texto".

De todas formas, trabajar así te obligará a distribuir tus ventanas en la pantalla, o a ir alternando entre ellas. Puede que tampoco sea la mejor forma de hacer pequeñas ediciones en tu texto, aunque sí es la mejor opción para editar párrafos enteros independientemente.

Edición "fina"

Por último, tenemos la opción de editar directamente sobre el marco de texto. Será tan sencillo como hacer doble clic sobre el mismo, lo que insertará un puntero para que puedas trabajar de una manera similar a la de tu editor de textos habitual.

Aquí es donde la ventana auxiliar de Propiedades cobra protagonismo. Con el texto activo para editar, puedes seleccionar palabras, frases o párrafos, y modificar sus propiedades.

Por ejemplo, mientras trabajé en el formato de mi "Pequeño Diccionario de Diseño Gráfico y Fotografía", debía asignar un estilo especial "que llamé 'Término') a las palabras o expresiones incluidas en el mismo. La fuente y el tamaño no cambiaban, pero la decoración sí: color azul y negrita.

La forma de hacerlo fue la de seleccionar estas palabras (hasta ese momento, con estilo "cuerpo") y aplicarles el nuevo estilo mediante el correspondiente menú desplegable, como puedes

ver en la captura inferior.

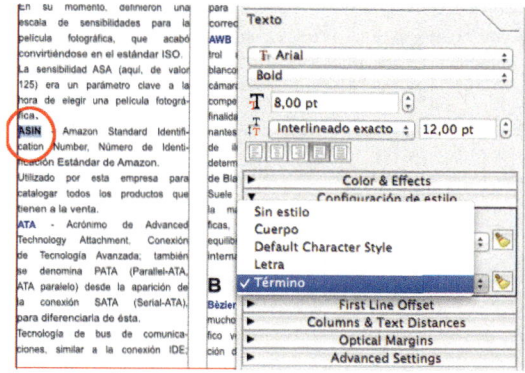

El formato de párrafo "cuerpo" (no confundir con el de carácter) simplemente añadía el interlineado, por lo que no lo modifiqué.

Las letras que marcan el cambio a la siguiente en el abecedario también debían ser diferentes. En este caso, creé el estilo "Letra", algo más grande (14 puntos frente a los ocho del texto normal) y con un color diferente, también.

Pero, además, creé un nuevo estilo de párrafo (y lo llamé "Letra", también) para introducir un interlineado mucho más grande, en este caso de 20 puntos. Sería la forma de introducir una separación visible, sin añadir retornos de línea en el párrafo anterior.

Nota: NO deberías crear espacios entre párrafos mediante el uso de retornos de línea. Por un lado, no puedes asegurar el resultado en papel (aunque sí se parecerá a lo que veas en la pantalla).

Pero por otro lado, esto arruina las composiciones para libros electrónicos, en los que el usuario puede definir el tamaño de las letras, el interlineado y los márgenes – podrías llegar a producir páginas en blanco o con un par de líneas, lo que puede resultar incómodo para la lectura.

Por lo general, deberemos asignar el valor de estilo de carácter y de párrafo al texto seleccionado en dos pasos, ya que cada ajuste modifica una parte del aspecto visual del texto.

Desbordamientos de texto

Una de las principales diferencias entre los procesadores de texto y los programas de maquetación es el concepto de marco de texto que acabamos de presentar. En Scribus, creamos este marco y lo rellenamos con un texto importado, para acabar editando su estilo.

Pero, ¿Qué pasa si el texto no cabe en el marco?

Lo primero, no te preocupes. El texto sigue ahí, no se ha perdido. Incluso Scribus te dará una indicación de que tu texto es más grande que el marco. El término que se suele utilizar es desbordamiento de texto.

La forma que tendrá Scribus de avisarte será la de presentar un pequeño cuadrado en la esquina inferior derecha del marco con problemas:

Y la solución es sencilla: deberemos indicarle a Scribus en qué otro marco puede continuar con el texto…

Enlace de marcos de texto

Para hacer este enlace entre marcos, claramente necesitas tener un segundo marco vacío disponible. Si no lo tienes aún, debes crearlo del mismo modo que creaste el primero, mediante el atajo de teclado "T" o con el comando "Insertar – Marco de Texto".

Si tu primer marco llenaba toda la página, es posible (de hecho, es lo más normal) que crees el nuevo marco en otra página, que habitualmente será la página siguiente.

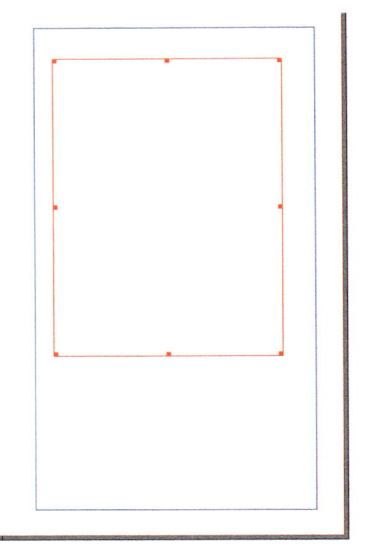

No es necesario que los dos marcos sean iguales. Ahora, selecciona el primer marco, el que tiene el desbordamiento. Busca un icono como el siguiente:

Al hacer clic sobre él, Scribus mostrará las dependencias existentes, si las hay. Ahora, haz clic sobre el nuevo marco. Scribus continuará automáticamente el texto del primero en este nuevo.

Si haces clic de nuevo en el mismo icono, verás que se ha establecido la relación, como puedes ver en la página siguiente.

Si el texto desborda en el nuevo marco, éste mostrará a su vez el cuadrado indicador en su

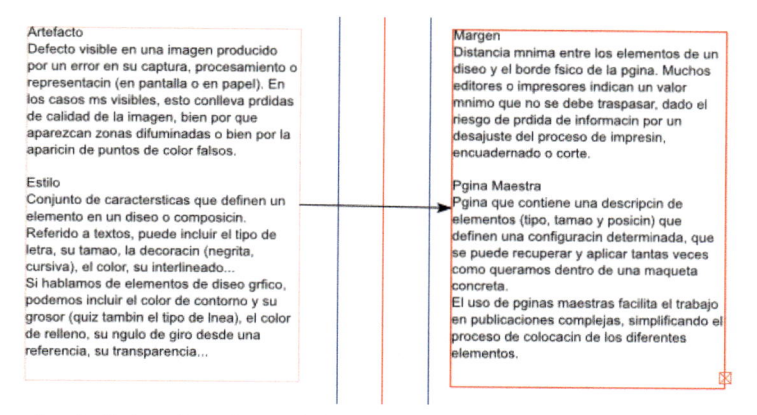

Artefacto
Defecto visible en una imagen producido por un error en su captura, procesamiento o representacin (en pantalla o en papel). En los casos ms visibles, esto conlleva prdidas de calidad de la imagen, bien por que aparezcan zonas difuminadas o bien por la aparicin de puntos de color falsos.

Estilo
Conjunto de caractersticas que definen un elemento en un diseo o composicin. Referido a textos, puede incluir el tipo de letra, su tamao, la decoracin (negrita, cursiva), el color, su interlineado...
Si hablamos de elementos de diseo grfico, podemos incluir el color de contorno y su grosor (quiz tambin el tipo de lnea), el color de relleno, su ngulo de giro desde una referencia, su transparencia...

Margen
Distancia mnima entre los elementos de un diseo y el borde fsico de la pgina. Muchos editores o impresores indican un valor mnimo que no se debe traspasar, dado el riesgo de prdida de informacin por un desajuste del proceso de impresin, encuadernado o corte.

Pgina Maestra
Pgina que contiene una descripcin de elementos (tipo, tamao y posicin) que definen una configuracin determinada, que se puede recuperar y aplicar tantas veces como queramos dentro de una maqueta concreta.
El uso de pginas maestras facilita el trabajo en publicaciones complejas, simplificando el proceso de colocacin de los diferentes elementos.

esquina inferior derecha, y deberíamos continuar añadiendo más marcos hasta conseguir que todo el texto se muestre en alguno de los marcos de nuestra publicación.

Lo bueno de todo esto es que ahora el texto fluirá entre ambos marcos, hagamos la modificación que hagamos. Si cambiamos el tamaño de la letra, por ejemplo, el texto se adaptará a las nuevas condiciones.

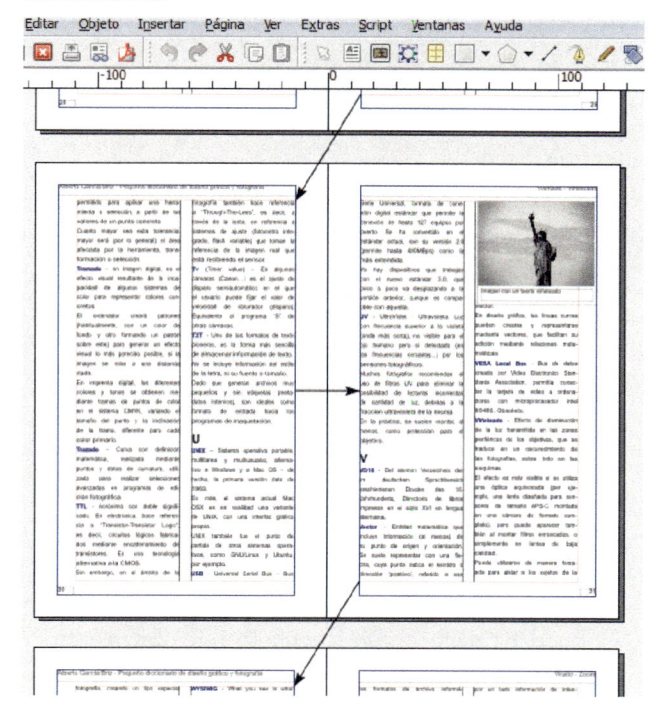

Otra ventaja añadida es que puedes "saltarte" páginas en tu publicación. Trabajando en una revista, puedes introducir una página de publicidad, por ejemplo. En esa página, no habrá marcos del texto principal. O bien puedes intercalar páginas con gráficos o fotos, entre las páginas de texto…

Además, los marcos de texto no tienen por qué ser iguales, y podrías definir una posición y tamaño individualizado para cada uno de ellos. De nuevo con el ejemplo de una revista, te permitiría introducir un anuncio o texto aparte que ocupase media página.

Y ahora lo mejor: puedes repetir este proceso tantas veces como lo desees, enlazando un marco de texto tras otro. Es el proceso habitual para componer libros con fragmentos de texto largos (por ejemplo, capítulos) sobre varias páginas, como puedes ver en la captura de pantalla siguiente.

Cada vez que hagas clic en el icono para enlazar marcos, con uno seleccionado previamente, podrás ver la relación existente entre esos marcos – y las páginas – de tu publicación. Son esas flechas negras de la imagen anterior.

Si entonces (con la función activa) haces clic en un marco sin enlazar, éste se enlazará con el último marco de la cadena activa.

Ruptura del enlace

Por supuesto, el proceso creativo de la composición es flexible, y puedes decidir que no necesitas un marco concreto.

Quizá, durante el proceso de revisión, has decidido utilizar un tamaño de letra un poco menor, y descubres que "te sobran" marcos al final de la sección.

El proceso "oficial" para eliminar un marco dentro de una cadena de marcos enlazados se haría en unos pocos pasos.

Con el marco a eliminar seleccionado, se hace clic en el icono siguiente:

Ahora, haz clic sobre el marco a eliminar. Borrarás el enlace lógico con el marco anterior. Puede que dejes de ver el texto en el marco elegido, y en todos los siguientes dentro de la cadena (ya que has roto el enlace lógico).

Repite el proceso con el siguiente marco (que sí quieres mantener). Así lo desconectas del marco que quieres eliminar.

Finalmente, debes enlazar los marcos que estaban antes y después del que has eliminado, con el proceso explicado en el apartado anterior. Ahora, los marcos que estaban después del eliminado recuperarán su contenido.

Trabajo con marcos de texto

Ya tengas un único marco de texto o varios, dentro de cada uno de ellos será posible modificar cómo "contienen" al texto.

Columnas

Por ejemplo, puedes decidir que un marco concreto tenga dos columnas. Es muy sencillo hacerlo, de nuevo desde la ventana de Propiedades. En este caso, trabajaremos dentro de la pestaña de Texto, desde el botón desplegable "Distancia de Texto y Columnas".

Al aumentar el número de columnas, Scribus asignará una separación por defecto de valor cero. Deberás decidir el espaciado en función de tus preferencias, procurando que la lectura sea agradable.

Un valor relativo de un diez por ciento (por ejemplo, cinco milímetros entre columnas de 50 milímetros de ancho) puede dar un buen resultado.

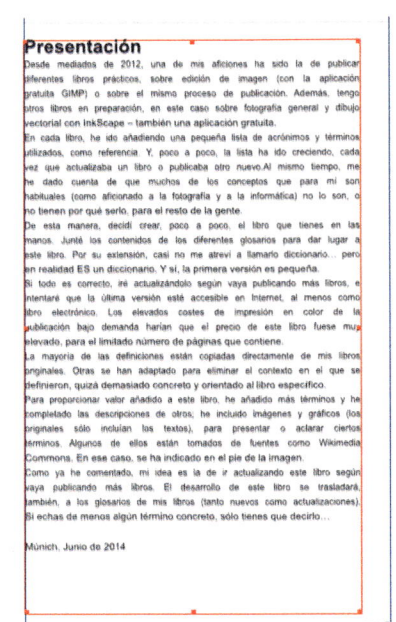

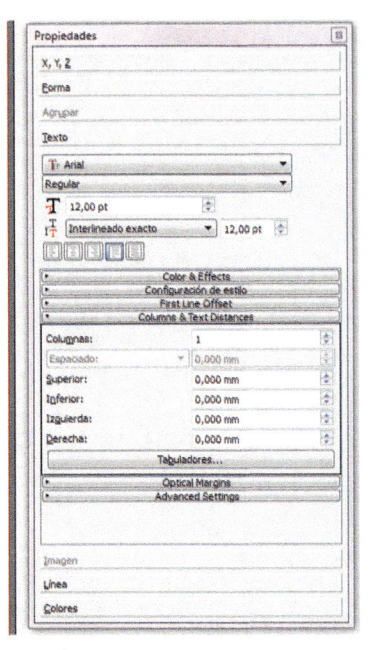

Como referencia, la versión en papel de este libro tiene columnas de 79 milímetros, con una separación de diez milímetros. ¿Te parece mucho, poco...? Esta es una decisión que debes tomar en la fase de diseño.

Alternativamente, puedes definir distancias entre textos, es decir, márgenes internos para los marcos de texto.

Saltos de columna y de marco

De la misma manera que en tu editor de texto puedes introducir un salto de página o de sección, Scribus te permitirá hacer saltos de columna (dentro del mismo marco) y saltos de marco.

Las opciones disponibles las encontrarás en el menú "Insertar / Espaciado y Rupturas", y son básicamente tres:

- **Línea nueva:** idéntico al salto de línea que puedes producir con la tecla Enter o Intro, pero sin separar la frase en dos: de esta manera se evita, por ejemplo, que la segunda línea "necesite" una mayúscula. Este tipo de salto de línea se utiliza, por ejemplo, en poesía.

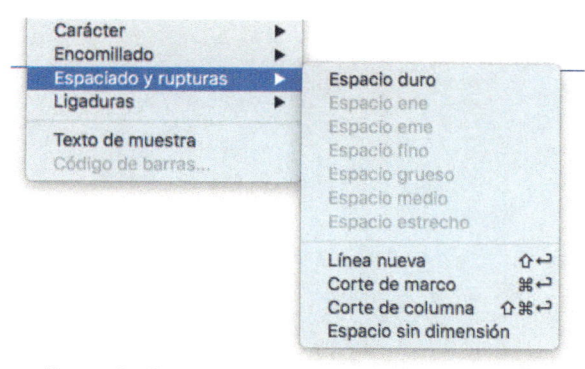

• **Corte de marco**: acabará el texto en el punto indicado, dejando el resto del marco en blanco. El texto continuará en el siguiente marco que hayamos asignado en la serie. Así podemos hacer un salto de sección sin necesidad de introducir varios saltos de línea manualmente.

• **Corte de columna:** Similar al salto de marco, pero para el caso en que tengamos más de una columna.

En el mismo menú puedes encontrar diferentes saltos de carácter, como el espacio indivisible que indicaba en la descripción de la interfaz de Scribus.

Los espacios "especiales" pueden no estar disponibles en algunos tipos de letra.

Si utilizas este recurso sutilmente, puedes conseguir centrar la atención de tus lectores:

Palabras con distancia normal

Palabras con distancia grande (thick)

Una vez más, se trata de evitar el uso de varios caracteres(en este caso, de espacio en blanco) sucesivos.

También encontrarás otros tipos de espacio "especiales", por si quieres mostrar varias palabras más juntas de lo normal, o bien muy separadas intencionadamente.

Trabajo con imágenes

Como ya he indicado anteriormente, las posibilidades de Scribus como editor de imágenes son bastante limitadas. Sin embargo, esto no impide que podamos insertar gráficos o fotos fácilmente, con muchas posibilidades de ajustar la composición o la colocación de la imagen en la página.

En Scribus, las imágenes se insertan de una manera muy similar a los textos: hay una herramienta dedicada, con la que definiremos un marco, para asignarle un contenido después.

La forma de insertar un marco de imagen será el atajo de teclado "I" (de nuevo, sin Ctrl) o bien el comando "Insertar – *Insert Image Frame*" (insertar marco de imagen, sin traducir). Trazaremos un marco aproximado en la zona donde queremos tener la imagen. De nuevo, podemos afinar la localización y las dimensiones desde la ventana de Propiedades.

Para diferenciar un marco de imagen de otro de texto, Scribus dibujará dos líneas diagonales en el caso del marco de imagen, tal y como puedes ver en la captura de la derecha.

De una manera similar a la que añadíamos el contenido del marco de texto, ahora utilizaremos el atajo de teclado "Ctrl + I", para buscar la imagen a insertar.

Si trabajas mejor con el ratón, tienes acceso a este comando con el botón derecho, haciendo clic sobre el marco (vacío) de la imagen.

Ajustes de composición

Una vez que la imagen se haya cargado en el marco, podremos ajustarla con las herramientas disponibles en la ventana auxiliar de propiedades.

Cuando esté en la posición correcta y el marco tenga el tamaño deseado, podremos definir la relación de la imagen con los elementos situados alrededor.

Por supuesto, puedes decidir separar físicamente los marcos de texto y los de imagen, de manera que no haya un solape y tu composición no presente ningún tipo de problema.

Sin embargo, Scribus te da más posibilidades creativas para mezclar tus imágenes con el texto.

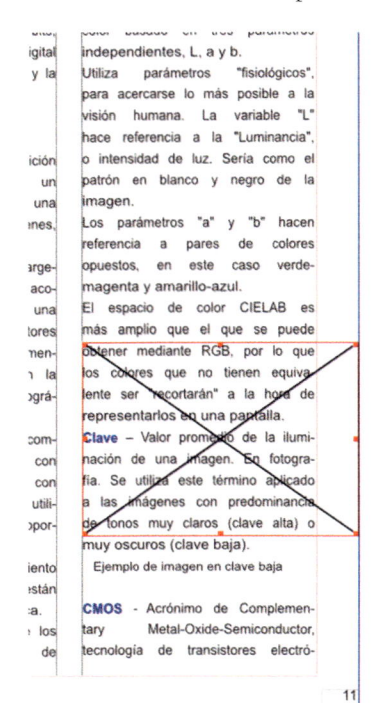

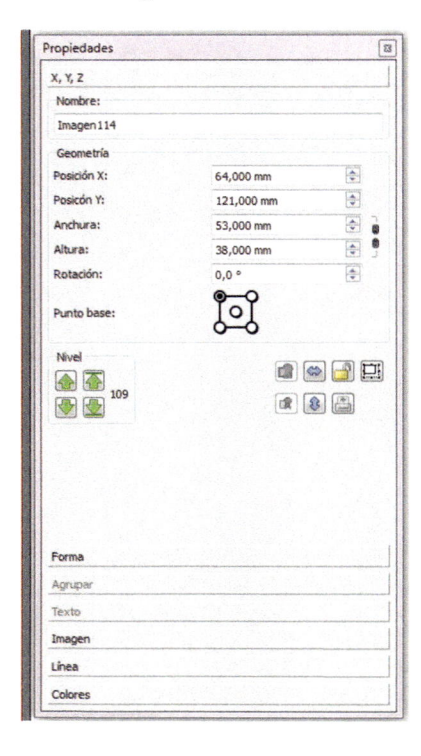

Esto lo haremos con la pestaña "Forma" de la ventana de Propiedades.

Las diferentes opciones disponibles (tienes una captura en la página anterior) serían las siguientes:

• **Desactivado**: La imagen tapará al texto (o al revés, según el orden de los objetos; veremos cómo cambiarlo en una sección posterior)

• **Usar marco forma**: el texto situado debajo se ajustará para rodear al marco de la imagen.

• **Usar cuadrado circunscrito:** En el caso de las imágenes, será el mismo comportamiento que el de seleccionar el marco de forma. Veremos más adelante que este comportamiento será diferente con formas que no sean cuadradas o rectangulares.

• **Usar línea de contorno:** de partida, también será similar a los dos anteriores, pero crea una línea de contorno (rectangular) que podremos editar independientemente al marco.

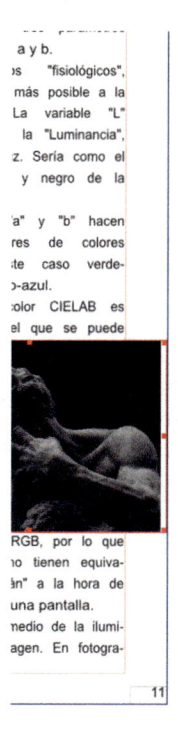

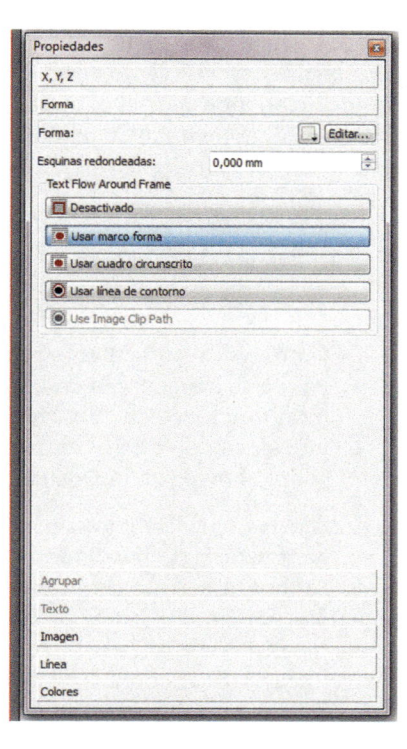

Ajustes de la imagen

Aún podemos introducir más ajustes en la forma de colocar nuestra imagen en la composición. Específicamente, Scribus nos permite trabajar "dentro" de este marco, mediante la pestaña "Imagen" de la ventana de Propiedades:

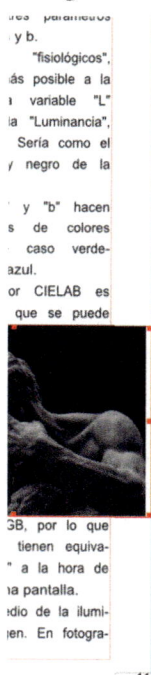

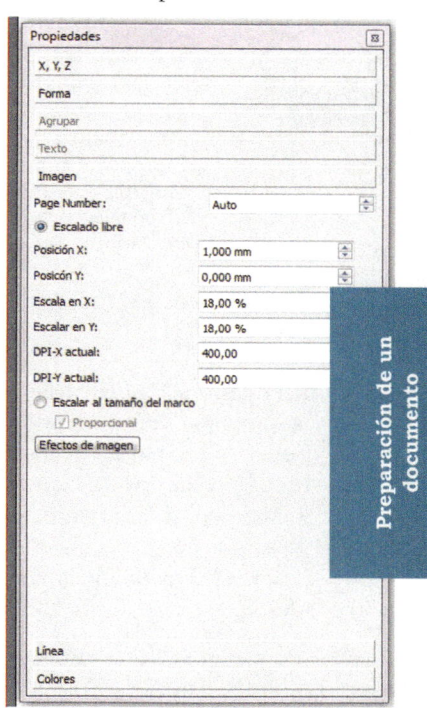

Mi primera recomendación, si la imagen es demasiado grande, es ajustar la resolución en un primer paso. Los valores habituales de resolución habituales en las imprentas profesionales oscilan entre los 200 y los 600 puntos por pulgada (ppp).

En cualquier caso, si utilizas un valor mayor, Scribus puede reducir la resolución a la hora de exportar el documento a un archivo para imprenta.

Si aun así la imagen es demasiado grande, puedes trabajar con la escala de la imagen. Nota que tanto la resolución como la escala incluyen el icono de una cadena (tres eslabones).

Si esta cadena está "entera", se mantendrá la

relación entre el valor vertical y el horizontal; en caso contrario (verás la cadena "rota") produciremos una deformación de la imagen.

Una buena preparación de las imágenes (incluyendo una edición del tamaño correcta) antes de realizar la composición te evitará tener que forzar demasiado estos ajustes.

Scribus "incrusta" las imágenes originales en el archivo en las fases finales del diseño, de manera que el tamaño de fichero se resentirá si usas imágenes demasiado grandes sin necesidad…

Desplazamiento de la imagen

En ocasiones, puede interesarnos desplazar una imagen dentro del marco. Por un lado, podremos separar el contenido gráfico del texto, si estamos utilizando el marco de la imagen como límite para el mismo (veremos en la sección siguiente el uso de la pestaña "Forma" de la ventana auxiliar de Propiedades).

El ajuste de esta posición dentro del marco lo haremos con los campos "Posición X" y "Posición Y", asignando valores positivos:

Nota que la imagen se ha movido hacia la derecha y hacia abajo, respecto a la captura anterior. Además, nota que la imagen no sobresale del marco, sino que se ve recortada en el lado derecho y en el inferior.

En otras ocasiones, puede interesarnos utilizar un marco más pequeño que la imagen (o una resolución menor), y presentar únicamente una parte de esta:

Al bajar la resolución a 300ppp la imagen se ve más grande; la he desplazado, siempre dentro del marco, hacia arriba y hacia la izquierda (ahora, usando valores negativos), para eliminar gran parte del fondo blanco. Nota que aun así la parte inferior se ve recortada.

Al igual que sucedía con los textos, Scribus no adaptará el marco a la imagen modificada.

En cualquier caso, recuerda que Scribus incrustará toda la imagen en tu archivo, por defecto. La parte de la imagen no visible no aportará nada a tu composición, pero por el contrario hará que tu archivo SLA aumente de tamaño, lo que puede tener un impacto directo en la rapidez de proceso de tu ordenador.

Retoques básicos de una imagen

Como ya he comentado, Scribus no es un editor de imagen. Sin embargo, hay ciertas modificaciones que podemos conseguir introduciendo ciertos ajustes matemáticos sobre el mapa de bits de la imagen insertada.

Ajustes sencillos como el de brillo o el contraste se podrán aplicar directamente desde Scribus, mediante el botón derecho del ratón, eligiendo la opción "Efectos de Imagen", o bien mediante el atajo de teclado "Ctrl + E". Veremos una ventana auxiliar con la lista de efectos disponibles.

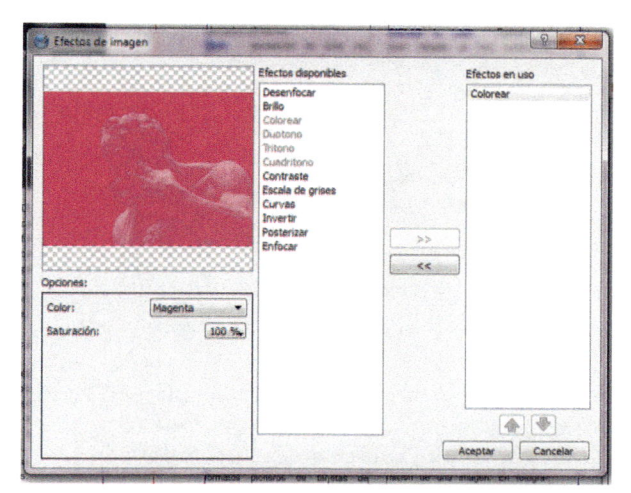

Trabajaremos seleccionando el efecto de la lista y "pasándolo" al lado derecho. Con un efecto seleccionado (en el ejemplo de arriba, "Colorear"), podremos ajustar las diferentes opciones disponibles, según el efecto concreto.

Podremos aplicar varios efectos en un solo paso, incluso decidiendo en qué orden se aplicarán. El resultado final dependerá tanto de los efectos como de este orden. Deberás buscar la combinación de opciones que consiga el efecto deseado en tus imágenes.

De nuevo, recuerda que Scribus no es un editor de imagen. Para ediciones más complejas que las de esta ventana, debes elegir el comando "Editar – Editar Imagen…" (También disponible desde el botón derecho del ratón, con la imagen seleccionada).

Esta acción lanzará tu editor de imagen por defecto.

Opciones de representación en pantalla

Si tu libro o publicación tiene gran cantidad de contenido gráfico, el rendimiento de tu sistema puede resentirse, por mucho que hayas hecho una edición previa de tus fotografías para ajustarlas al tamaño correcto.

El hecho de tener que mantener las imágenes *descomprimidas* en pantalla hará que Scribus ocupe una buena cantidad de tu memoria RAM (ya sea de la principal, o de la tarjeta gráfica).

Por supuesto, hay una forma de reducir este efecto. Los desarrolladores de Scribus incluyeron la posibilidad de representar las imágenes con una resolución menor en el espacio de trabajo (ojo, la calidad de la imagen final no se ve afectada), para reducir este impacto en la memoria de trabajo de tu ordenador.

Para modificar la forma en la que se muestran las imágenes en pantalla, tienes el menú "Configuración de vista previa" desde el botón derecho del ratón, con la imagen seleccionada.

Puedes decidir ocultar la imagen completamente, o bien mostrarla con una resolución baja. No es necesario que bajes la resolución de la presentación en pantalla de todas las imágenes de tu publicación, pero si es recomendable hacerlo con aquellas que tienen un tamaño muy grande.

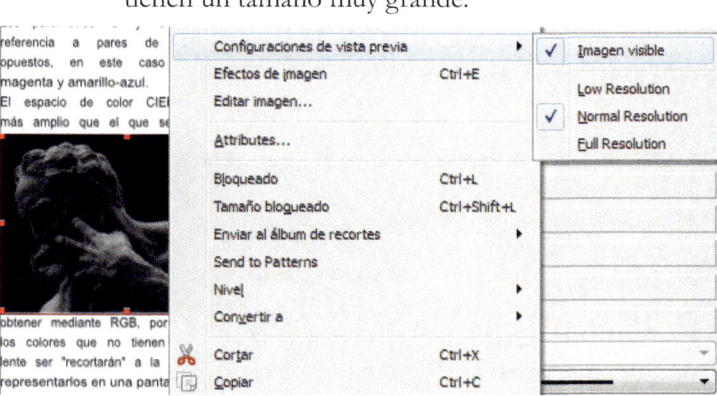

En el caso que elijas la opción de no mostrar la imagen, Scribus incluirá una indicación del contenido en forma de texto, tal y como puedes ver en la captura de aquí arriba.

Recuperación del enlace a archivos perdidos

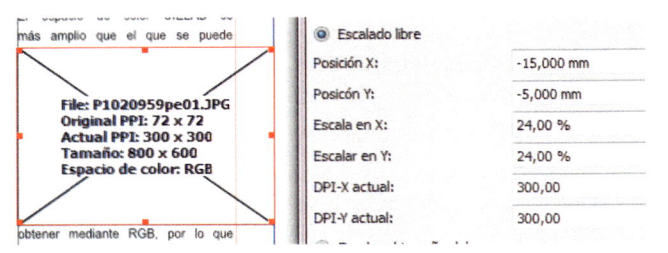

Las versiones más modernas de Scribus insertan las imágenes dentro del fichero SLA haciendo una referencia a la imagen original, incluyendo la ruta a la carpeta que la contiene. Es la forma de no generar ficheros SLA de tamaños poco prácticos, que podrían ralentizar nuestro ordenador.

El problema surge cuando se mueven las imágenes entre carpetas; en ese caso, al abrir un archivo Scribus no encontrará las imágenes de referencia, y no podrá cargarla dentro del marco. Sí mantendrá la posición y el tamaño de este marco, pero se indicará que se ha perdido la imagen marcando la "X" en rojo, y presentando el nombre de la imagen perdida:

La forma de actualizar el enlace a una imagen será la misma que para cargarla en primer lugar: con el botón derecho del ratón, elegiremos la opción

"Obtener Imagen" y buscaremos el archivo perdido en su nueva localización.

Como puedes ver en la imagen, para realizar esta acción también dispones del atajo de teclado "Ctrl + I".

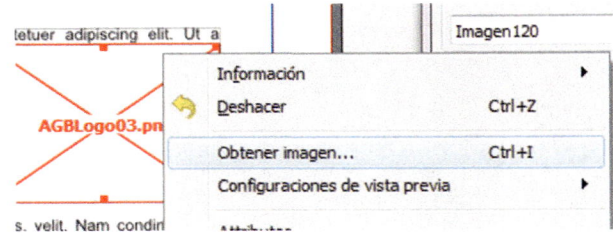

Este proceso puede servirnos también, por ejemplo, para actualizar una publicación con imágenes nuevas, sin modificar el resto de la composición.

En ese caso, seleccionaremos las imágenes antiguas y (una a una) iremos indicando cuáles son las nuevas. Idealmente, deberían tener el mismo tamaño y resolución que las imágenes a las que sustituyen, para evitarnos ediciones posteriores.

Actualizaciones de imagen

Un caso aparte es el de que trabajemos en la edición de imágenes en paralelo a la composición de nuestra publicación: por ejemplo, si tienes un diseñador gráfico dedicado únicamente al retoque fotográfico. Entonces puedes tener situaciones en las que una imagen está en el directorio correcto y con el nombre esperado, pero su contenido ha cambiado.

En ese caso, dispones del comando "Elemento - Actualizar Imagen" (también disponible desde el botón derecho del ratón, haciendo clic sobre la imagen), que recargará el contenido de la imagen desde la misma localización.

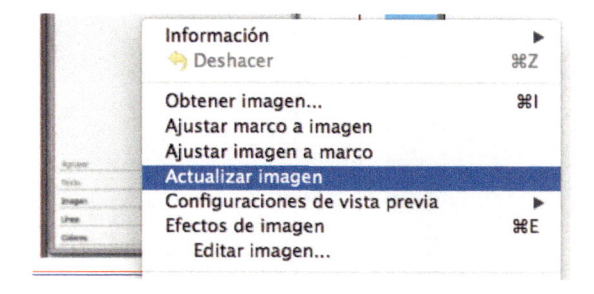

Uso de formas

Junto con los textos y las imágenes, el tercer grupo de elementos que podemos utilizar en nuestras composiciones son las formas predefinidas.

Habitualmente se utilizan para incluir o contener a un marco de texto o una imagen, tomando la parte «decorativa» mayor o menor importancia, según nuestro diseño.

Creación de formas

La manera de insertar estas formas será la de utilizar el menú desplegable «Insertar – Insert Shape» (insertar forma). Veremos que hay cinco submenús disponibles, cada uno de ellos englobando un tipo de forma diferente. Estos tipos son los siguientes:

- **Formas predeterminadas:** cuadrados, rectángulos, triángulos…
- **Flechas:** sencillas, dobles o cuádruple
- **Diagramas de Flujo:** formas específicas para este tipo de diagrama
- **Puzzle:** formas de piezas de puzzle, interesante para ciertas composiciones (dinámicas de grupo, libros juveniles o infantiles, por ejemplo).
- **Especiales:** corazones, flores sencillas, un smiley y el pingüino de Linux.

La forma de trabajar será la misma que para trazar (por ejemplo) un rectángulo: habrá que definir dos esquinas opuestas mediante el ratón. De nuevo, se puede modificar el tamaño y la posición de la forma en la publicación, de manera que no es muy crítico si no te queda «perfecta» a la primera.

Inserción de polígonos

Un caso especial será el de los polígonos, que requerirán un ajuste previo a su dibujo. Al seleccionar el comando «Insertar – Polígono – Propiedades…», veremos una pequeña ventana auxiliar, que nos preguntará los valores del polígono deseado, desde el número de lados (con un mínimo de tres) y la rotación de partida, hasta el «factor» de los lados (un valor que indica si cada lado se «dobla» hacia dentro o hacia afuera) y la curvatura a aplicar en los mismos:

> Scribus no es un programa de diseño gráfico. Si estás pensando en un diseño complejo, quizá lo mejor sea prepararlo externamente (por ejemplo, con el programa gratuito InkScape o con Adobe Illustrator) y después importarlo desde Scribus…

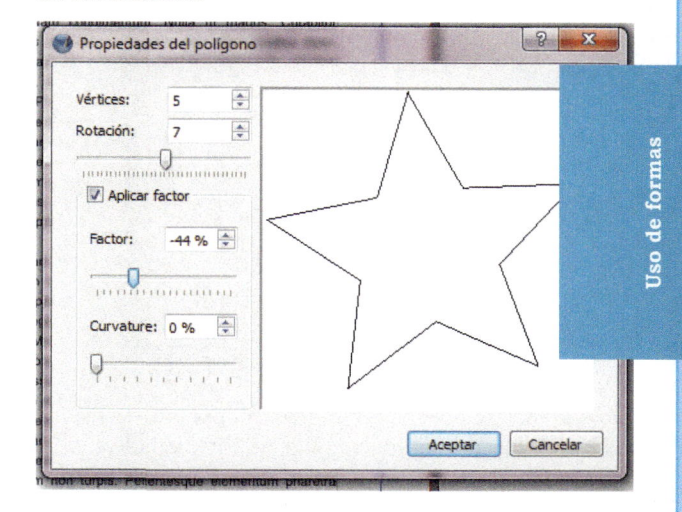

Un valor de cero en el «factor» no mostrará ningún valor de curvatura en los lados. Si no tienes claro el efecto que estás buscando, te recomiendo que pruebes diferentes valores de cada parámetro.

Edición de formas

Las diferentes formas disponibles en Scribus pueden editarse, de manera que puedes adaptarlas a tu idea de diseño o composición concreta; para ello, Scribus dispone de toda una serie de herramientas de edición, en una ventana auxiliar dedicada.

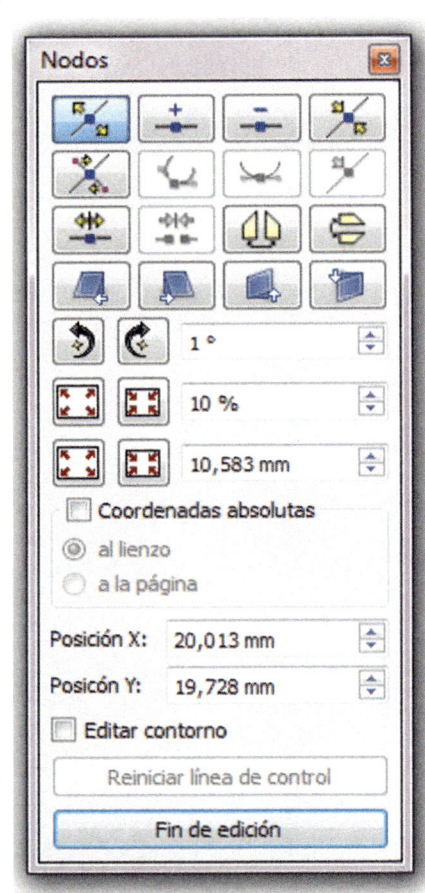

La ventana (puedes verla aquí arriba) se puede hacer visible desde la ventana auxiliar de Propiedades, en su pestaña «Forma».

Con una forma seleccionada, aparecerá un botón activo «Editar» en la parte superior derecha. La ventana tiene el siguiente aspecto.

Los diferentes botones visibles en esta ventana de edición corresponden, por orden, a las siguientes funciones:

- Mover nodos
- Añadir nodo
- Eliminar nodo
- Reiniciar nodos de control
- Mover puntos de control
- Curva asimétrica o ángulo
- Curva simétrica
- Reiniciar el nodo seleccionado
- Abrir un polígono o curva Bèzier
- Cerrar un polígono o curva Bèzier
- Volteo horizontal (simetría)
- Volteo vertical (simetría)
- Sesgo horizontal hacia la izquierda
- Sesgo horizontal hacia la derecha
- Sesgo vertical hacia arriba
- Sesgo vertical hacia abajo
- Rotación de la forma en sentido opuesto a las agujas del reloj, el paso se indica en el campo numérico
- Rotación de la forma en sentido horario, el paso se indica en el campo numérico
- Agrandar o reducir el contorno un porcentaje dado
- Agrandar o reducir el contorno una distancia dada

Como en cualquier programa de edición moderno, sólo cerás activas las funciones que puedas aplicar en ese momento.

Las coordenadas que puedes ver en la ventana de edición mostrarán en cada momento la posición del punto que estemos editando.

Puedes decidir que se muestren las coordenadas

absolutas respecto a la página, o bien las relativas desde el punto de «origen» de la forma:

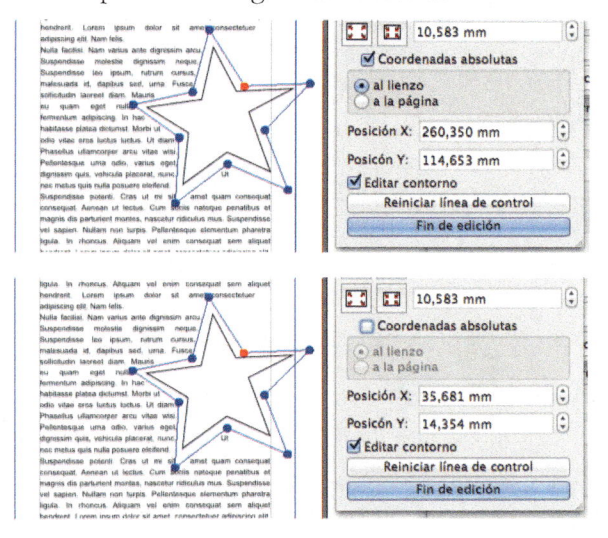

Finalmente, podrás decidir si editas la forma en sí, o bien su contorno. En cualquier caso, si una edición no te convence puedes hacer clic en el botón «Reiniciar la línea de contorno», que devolverá la forma a su estado original.

Una vez más, debes probar las diferentes opciones para ver qué ediciones o transformaciones se ajustan al efecto que estás buscando en tu diseño concreto. Te recomiendo que busques documentación sobre manejo de curvas Bèzier, o bien sobre programas de diseño vectorial, como InkScape.

Alineación, ordenación

Si tu composición incluye muchas formas y objetos diferentes, puedes llegar a perder la perspectiva de la composición general. Además, según vas creando formas y marcos, estos aparecen «apilados», y puede que el solape entre elementos no sea el deseado.

A continuación, vamos a ver algunas herramientas disponibles en Scribus para poner un poco de orden en tus diseños, consiguiendo publicaciones más parecidas a tu idea original, y con un aspecto profesional.

La primera fase en este orden será la de alineación y ordenación o distribución de elementos.

Dado que Scribus almacena información de tamaño y posición de cada objeto, es sencillo modificarlos para que estén en una posición concreta, ya sea relativa a la página (o a los márgenes), o bien entre varios objetos entre sí.

Una vez que tienes varios elementos (formas, en este caso), puedes trabajar en su posición relativa mediante el comando «Ventana – Alinear y Distribuir», con el que puedes abrir la siguiente ventana auxiliar.

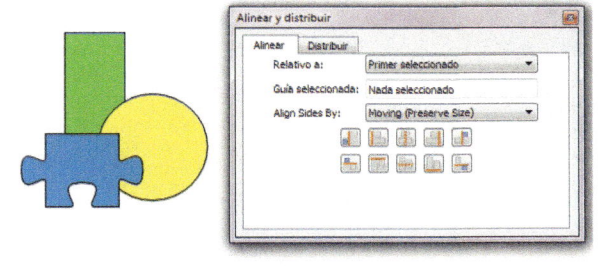

La pestaña de alinear requerirá que definas un par de cosas antes de aplicar una alineación. La primera, cuál será tu objeto principal, el que no se moverá. Puede ser el primero que selecciones, o el último, o la página en la que estés trabajando.

Después, deberá decidir si los objetos se moverán (es la opción más habitual), o bien si deben estirarse para conseguir la alineación deseada.

A partir de ahí, en la ventana auxiliar de alineación verás los iconos representativos de las acciones disponibles: ajustar a un lado o al otro, arriba o abajo, centrar los objetos…

Por ejemplo, selecciono la pieza de puzle en primer lugar, y después las otras dos formas. Al elegir una alineación a la izquierda, el círculo y el rectángulo se moverán horizontalmente, hasta coincidir con el límite izquierdo de la pieza azul:

O bien puedo marcar primero la forma verde y

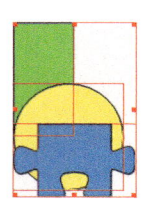

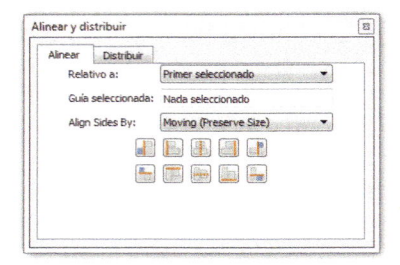

luego las otras dos, y seleccionar un ajuste a la posición superior de la pieza de referencia, para dar el siguiente resultado:

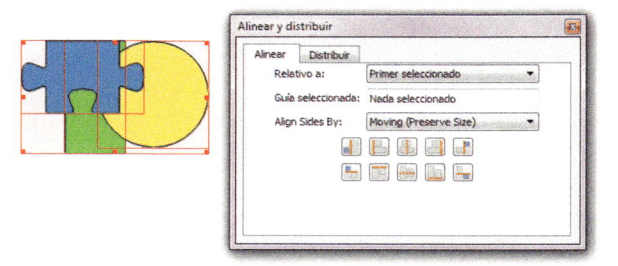

Nota que en todos los casos la forma azul está por encima de la amarilla y la verde, y esta última siempre aparece debajo del todo. No hemos cambiado el orden relativo en el que se representan los tres objetos en tu diseño.

Distribución

Otra herramienta muy útil a la hora de trabajar con formas es la de distribución, disponible en la otra pestaña de la ventana auxiliar de «Alinear y Distribuir». En este caso, los elementos se desplazan teniendo a dos de ellos como referencia, habitualmente a los más extremos.

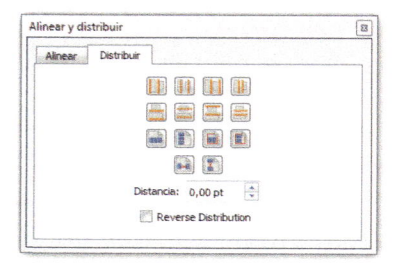

Habrá tres tipos de herramientas disponibles en esta pestaña. Tendremos unos ajustes relativos entre elementos seleccionados, otros absolutos (entre objetos o bien entre objetos y la página) y finalmente dos ajustes manuales con entrada numérica.

Voy a partir de una situación ligeramente diferente, para mostrarte un par de ejemplos de manejo de esta herramienta:

Aquí tengo los tres objetos dentro del área de trabajo, en una posición «cualquiera» (verás que esto nos permite dibujar las formas inicialmente con mucha mayor libertad).

Ahora selecciono los tres objetos, y elijo el primer icono de arriba a la izquierda; si dejo el puntero sobre el icono, aparece el mensaje «Distribuir equidistantemente por la izquierda». El resultado será el que puedes ver en la imagen siguiente:

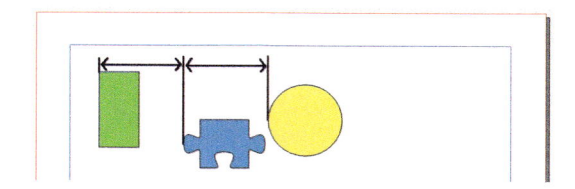

Ahora, la distancia desde el borde **izquierdo** del rectángulo hasta el punto **más a la izquierda** de la pieza de puzle será la misma que desde el punto **más a la izquierda** de la pieza de puzle hasta el punto **más a la izquierda** del círculo. Nota que sólo se ha movido la forma azul.

Pues bien, con los ocho iconos superiores obtendrás este tipo de edición, ya sea alineando a la izquierda, a la derecha o al centro, horizontal o verticalmente.

Si no tienes claro qué ajuste quieres hacer, prueba

las distintas opciones hasta que te guste el resultado.

Los siguientes cuatro iconos harán referencia a la colocación de los objetos dentro de la composición, teniendo en cuenta los bordes de la página física (por donde se cortará el papel en la imprenta), o bien al contorno de los márgenes prefijados.

Por ejemplo, si selecciono el primer icono de la tercera fila puedo leer una indicación «Igualar distancia horizontal entre objetos y bordes de la página». El resultado, aplicado a nuestros tres objetos, será el que puedes ver en la imagen siguiente:

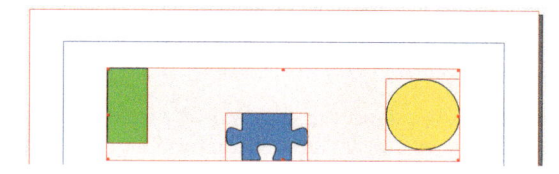

Puedes ver que desde el borde izquierdo de la página hasta la forma verde hay la misma distancia que desde la forma verde hasta la pieza de puzle, la misma distancia que entre la pieza de puzle y el círculo amarillo y la misma distancia que entre el círculo amarillo y el borde derecho de la página.

Si hubiésemos seleccionado el tercer icono («Igualar distancia horizontal entre objetos y márgenes de la página») el resultado hubiera sido diferente:

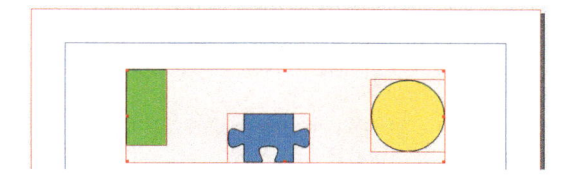

Ahora las distancias toman como referencia el área útil de trabajo, indicada con la línea azul.

Cambios de nivel

Acabamos de ver que Scribus no coloca todos los elementos a la misma «altura». Como puedes ver en las imágenes del apartado anterior, según cómo organicemos los elementos (en realidad, según el orden en el que los creamos) algunos aparecerán encima de otros, y podemos tener casos en los que ocultemos contenido importante, o simplemente no nos guste la posición relativa de estos elementos.

Pues bien, podemos cambiar el orden de los elementos en una página, modificando el «nivel» en el que están insertados.

Para ello, recuperamos nuestra ventana de Propiedades, con su pestaña «X, Y, Z», y nos fijamos en algunos controles que no habíamos utilizado hasta ahora:

Con un objeto seleccionado, vemos un número al lado de los iconos de flechas verdes (en este caso, el número treinta). Este número nos indicará el nivel en el que Scribus ha colocado el objeto seleccionado, desde la posición más baja.

Vamos a ver cómo podemos utilizar las flechas del grupo de iconos de la izquierda para subirlo o bajarlo un nivel, o bien hasta la posición más superior o inferior de nuestra composición.

Inicialmente, compruebo el nivel de partida de cada uno de los elementos de mi composición:

En este caso, la pieza de puzle está en el nivel tres, el círculo en el nivel dos y el rectángulo en el nivel uno.

Si vuelvo a seleccionar la pieza de puzzle y hago clic en la flecha hacia abajo (izquierda), bajaría el nivel de ese objeto hasta el dos.

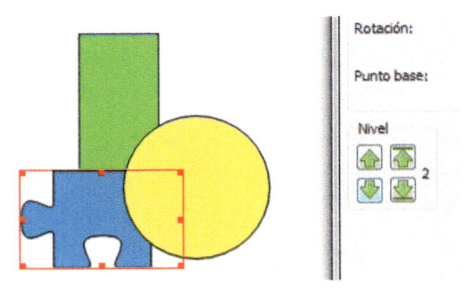

Ahora, el círculo quedará en el nivel tres (superior), ocultando parcialmente a la pieza de puzle.

Aunque este ejemplo es muy sencillo, puedes hacerte una idea de cómo puedes trabajar con todos los elementos de tu publicación (textos, imágenes y formas) para conseguir la composición deseada.

Agrupaciones

En muchas ocasiones, nos interesará fijar la posición relativa entre dos elementos (por ejemplo, una forma y un texto en su interior). Querremos evitar que ediciones posteriores modifiquen esta relación, cómo se ven en la pantalla y cómo se verán en la publicación final.

Para fijar esta posición relativa, Scribus incluye la opción de agrupar elementos mediante el atajo de teclado «Ctrl + G», o bien seleccionando esta opción en el menú desplegable que aparece al hacer clic con el botón derecho del ratón:

Esta opción sólo será visible si tenemos al menos dos objetos seleccionados (se consigue manteniendo la tecla de mayúsculas pulsada, mientras seleccionamos los objetos uno a uno).

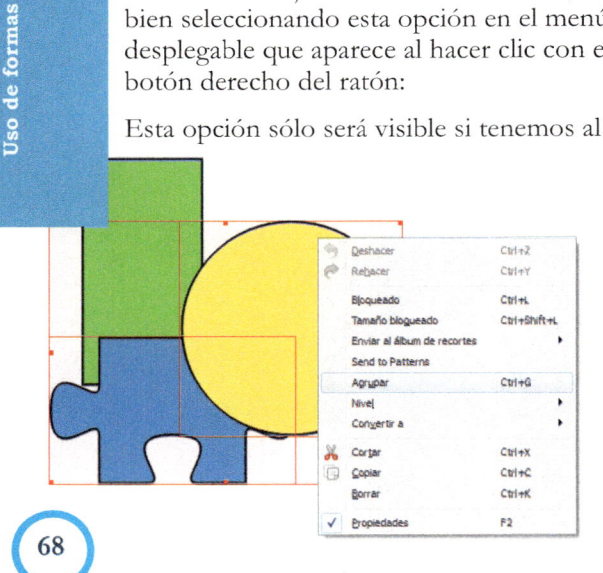

Si seleccionamos un objeto agrupado, tendremos la opción de desagrupar los diferentes elementos que lo componen, algo que también podemos conseguir con la combinación de teclas «Ctrl + Mayús. + G».

Por último, indicar que al agrupar varios elementos éstos trabajan como uno solo; Scribus les asignará el valor de nivel del más bajo de los seleccionados. Nota que esto puede afectar a la representación de otros elementos no agrupados, si se solapan con el grupo.

Otras acciones con formas

Todavía nos quedan un par de cosas más que podemos hacer con cualquier forma o elemento seleccionado de una composición. Para verlas, nos vamos a fijar en los últimos iconos que teníamos pendientes de la ventana auxiliar de Propiedades (F2).

Los iconos que puedes ver tendrían las siguientes funciones (de izquierda a derecha y de arriba abajo):

• **Agrupar**: el icono estará activo si tienes al menos dos objetos seleccionados. Este icono hace la misma función que «Ctrl + G».

• **Voltear horizontalmente:** invertirá el elemento en sentido horizontal.

• **Bloquear (o desbloquear) el objeto:** no se podrá realizar ninguna edición sobre el mismo.

• **Bloquear (o desbloquear) el tamaño del**

objeto: para evitar ediciones de tamaño (escalado) por error.

• **Desagrupar:** opuesto a la función «Agrupar», con el mismo resultado que el atajo de teclado «Ctrl + Mayús. + G».

• **Voltear verticalmente:** invertirá el elemento en sentido vertical.

• **Activar o desactivar la exportación del objeto:** Puedes decidir no incluir un objeto en la publicación final: por ejemplo, una nota al margen, o una imagen preliminar.

Esta última opción también es útil cuando queremos generar un PDF de una revista, por ejemplo, sin incluir la publicidad.

Como siempre, estas funciones son muy específicas, y puede que no las necesites para tu composición. O bien, puedes decidir utilizar los atajos de teclado equivalentes. Depende de ti el decidir «tu» forma de trabajar. Scribus simplemente te ofrece diferentes alternativas…

Flujo de texto alrededor de las formas

Al trabajar con imágenes, ya vimos cómo podemos utilizar la ventana auxiliar de Propiedades para definir cómo integrar estas imágenes dentro de un marco de texto, al menos parcialmente.

Podíamos definir el comportamiento del contorno, para que «bloquease» o mantuviese el texto a su alrededor.

Pues bien, este mismo comportamiento podremos tenerlo con multitud de formas predefinidas en Scribus, de manera que podremos añadir «algo más», un toque creativo a nuestras composiciones. Ahora sí tiene sentido el que haya varias opciones en el flujo de texto, dentro de la pestaña «Forma» de la ventana auxiliar de Propiedades.

Al hacer clic en «Aceptar» en la de arriba, el cursor cambia a una cruz, un nos permite trazar, con el método habitual, la forma en nuestra composición:

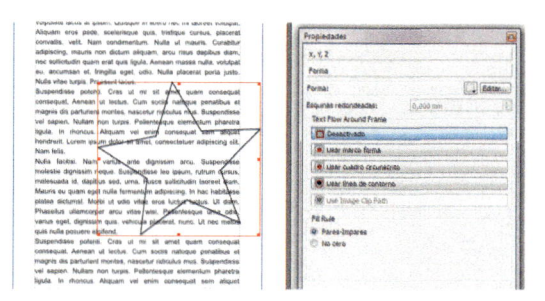

Si quisiéramos, podríamos modificar la posición y el tamaño con la pestaña «X, Y, Z» de la ventana de propiedades. En la captura de la página anterior, vemos que, con la opción de forma «Desactivado» nuestra estrella está sobre el texto.

los ejemplos que vamos a ver a continuación también se podrían hacer con las formas «normales»: Rectángulos, elipses…

Si ahora elegimos la opción «Elegir marco forma», el texto «fluirá» alrededor de la forma, de manera que esta se mostrará vacía.

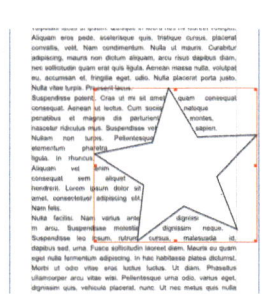

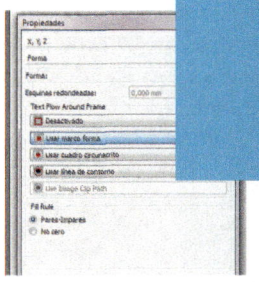

Nota que el texto se ha estirado a ambos lados de la estrella, y el resultado puede no ser muy agradable para la lectura. Por la forma en la que está definido el marco de texto y las palabras «largas» del «lorem ipsum», aparecen esos huecos a la derecha, a pesar de que el texto está configurado como «justificado». Scribus no estirará las palabras individuales para llenar los huecos vacíos.

Si selecciono la opción «Usar cuadro circunscrito», y el comportamiento es otro bien diferente.

Por último, la opción «Usar línea de contorno» nos permitirá hacer un ajuste mucho más fino de cómo debe aproximarse el texto. Inicialmente, el comportamiento será igual al de «Usar marco forma»: el texto se ajustará, dentro de lo posible, a la forma que hayamos creado. En este punto, no veremos nada diferente.

Sin embargo, podemos editar estos contornos, y es en ese momento donde veremos esa diferencia. Al hacer clic en el botón «Editar…» disponible en la parte superior, veremos una nueva ventana auxiliar de edición de gráficos vectoriales, con herramientas similares a las que puedes tener en InkScape o Adobe Illustrator.

Si la opción elegida ha sido «Usar marco forma», al editar este contorno se cambiará tanto la forma como el ajuste del texto, que seguirá «pegado» a la misma.

Esto puede ser útil cuando la forma (o su contorno) no es visible, simplemente para dar forma al texto.

Por el contrario, al seleccionar la opción «Usar línea de contorno» duplicaremos la forma, de manera que una de ellas conserva el contorno original (que será el que limite al texto) y podremos editar o modificar el contorno visible de manera independiente, tal y como puedes aquí:

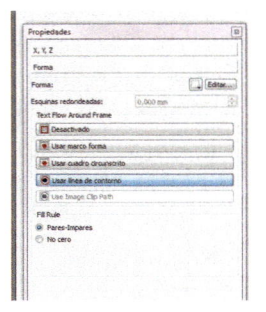

La elección de un tipo de contorneado u otro dependerá del resultado que estés buscando en cada momento, y quizá incluso en el tipo de forma seleccionada.

Truco: Las formas tienen el mismo comportamiento si el texto se sitúa en su interior: en ese caso, el texto se adapta a la forma que lo contiene…

También, puede ser interesante el crear formas propias, por ejemplo, con un programa de dibujo o de diseño gráfico, para darle un toque aún más personal a nuestra publicación.

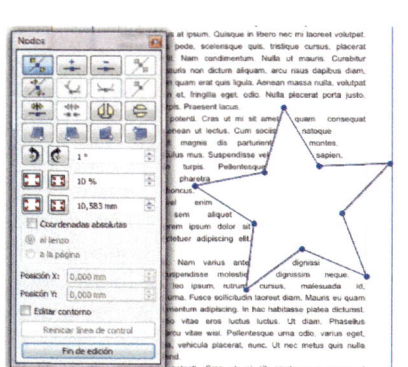

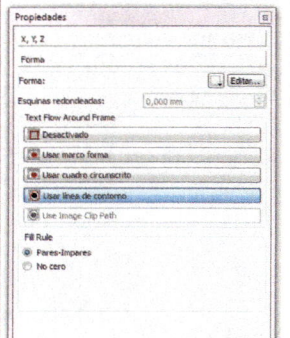

70

Capas, Niveles

En secciones anteriores hemos visto el efecto de la colocación relativa de los elementos en una composición. Los elementos colocados más arriba pueden influir en el comportamiento de los situados más abajo, especialmente en la forma en la que fluyen los textos dentro de sus marcos.

Pero, precisamente en las composiciones en las que tenemos muchos elementos distintos, necesitaremos una forma de organizarlos, para conseguir el acabado deseado sin necesidad de crear los elementos en un orden determinado.

Para conseguir este orden, Scribus dispone de tres conceptos diferentes, con sus herramientas asociadas: Los niveles, la agrupación y las capas. Hemos visto los dos primeros en secciones anteriores. Ahora, veremos el concepto de capa, más potente.

Niveles y agrupación

Vimos que cada vez que colocas un elemento en tu composición (y no importa el número de página), Scribus le asigna un número, comenzando con el uno y de manera ascendente. Este número indica la posición relativa de estos elementos.

Si un elemento tiene un número mayor (esto significa que, habitualmente, se ha creado más tarde) que otro, aparecerá encima de éste, si hay un solape. El elemento con menor número de orden aparecerá debajo. Podemos cambiar el nivel relativo de los diferentes elementos de nuestra composición, desde la ventana auxiliar de Propiedades, y su pestaña «X, Y, Z».

Además, si agrupamos varios elementos Scribus los tratará como un elemento único. Scribus reasignará números consecutivos a los elementos agrupados, manteniendo el orden actual. Al desplazar el grupo de elementos, estos números cambiarán simultáneamente, para mantener su posición relativa.

Cambio de nivel

El cambio de nivel que vimos en la descripción del trabajo con formas también se puede aplicar a elementos de texto, con la particularidad de que si el texto está encima de la forma no se verá afectado por el ajuste de Forma de la ventana de Propiedades (F2).

Para ver el efecto de este cambio de nivel, voy a crear tres objetos diferentes en una misma página de mi composición:

- **Un texto principal,** que podrá ser un artículo para una revista, un anuncio, o la parte principal de un folleto. En mi caso concreto, está en el nivel siete de la publicación.

- **Un recuadro de color,** creado a partir de un rectángulo, con un ángulo de 15 grados y un relleno amarillo al 50%, para introducir transparencia. Scribus le asigna el nivel ocho en mi composición.

- **Un texto secundario**, que irá incrustado dentro del recuadro de color, pero en un marco de texto propio. También le aplico un giro de quince grados. Intencionadamente, hago el texto más grande que la forma, para ver el efecto. Scribus le asigna el nivel nueve.

Ahora, selecciono el cuadrado, y le aplico la configuración de contorno según la forma, de manera que el texto fluya a su alrededor.

Debes comprender que el relleno sigue siendo amarillo al 50%, pero ahora Scribus lo muestra como un color sólido. No apreciamos su transparencia porque no hay texto ni otros elementos debajo. Nota que el texto superior (azul) no se ha modificado.

Ahora, selecciono el texto azul y pruebo a bajarlo un nivel, de manera que el cuadrado quede por encima de aquél.

Dado que el texto también se sitúa fuera del cuadrado (sobresale por la derecha y por abajo), Scribus le da prioridad a esta situación, y ajusta todo el texto en este exterior, como puedes ver en la imagen siguiente:

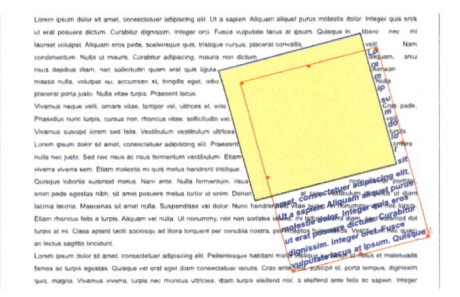

Aunque reduzcamos el texto azul para ajustarlo dentro del recuadro, no será visible, ya que ahora es de color opaco.

Para recuperar la situación anterior, deberemos subir de nuevo el texto azul para hacerlo visible.

Pues bien, el procedimiento para realizar cualquier composición compleja será el descrito aquí: colocar los elementos, definir la relación entre ellos y colocarlos en el nivel que produzca el efecto deseado. Tu publicación podrá ser todo lo complicada que quieras, pero seguirá la misma filosofía.

Capas: Hojas independientes

Pero si incluyes gran cantidad de elementos en tu publicación puedes llegar a tener un problema de gestión de los diferentes elementos. Así, una estrategia disponible en Scribus es el uso de las capas.

Las capas (quizá conozcas este concepto de los programas de edición de imagen o de diseño vectorial) son agrupaciones de elementos que mantienen sus niveles independientes y pueden desplazarse entre sí. Aunque suene a contradicción, la ventaja que tendremos es que podremos bloquear estos conjuntos de elementos y trabajar con ellos de manera separada, independientemente de los objetos que haya colocados en otras capas.

En Scribus, podemos abrir la ventana auxiliar de capas mediante la tecla F6, o bien a través del menú «Ventanas – Capas».

Los modos de fusión son operaciones matemáticas que realiza Scribus con la información numérica de cada capa o nivel «superior». Son idénticos a los modos de fusión utilizados en programas de edición de imagen como GIMP o Photoshop.

También puedes decidir si los elementos de una capa determinada taparán o no a los elementos de las capas inferiores, mediante el ajuste de la opacidad.

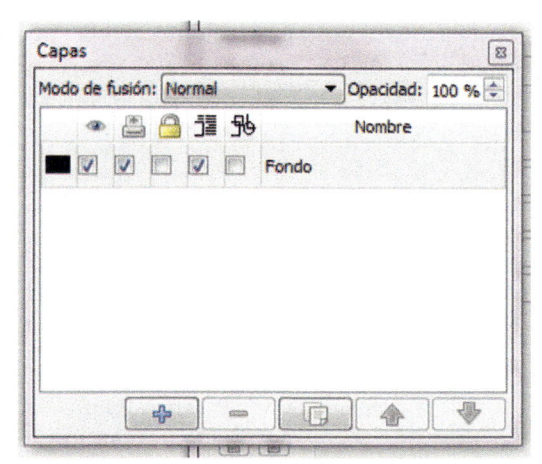

> Nota: para una descripción detallada de estos modos de fusión, te recomiendo mi libro «Blanco y Negro con GIMP». Tienes la referencia al final de este libro…

En la ventana auxiliar, vemos una serie de iconos, que nos darán información sobre cómo se representa cada capa en la pantalla, y cómo se procesará a la hora de generar el archivo de salida (EPS o PDF) para imprimir. Vamos a ver el significado de estos iconos, de izquierda a derecha:

- **El ojo** indicará si la capa es visible o no en el espacio de trabajo. En composiciones muy recargadas, puede ser recomendable ocultar grupos de elementos para trabajar de una manera más cómoda.

- **La impresora** hará una función similar, pero para la imprenta: en este caso podemos decidir si la capa seleccionada se aplicará en la publicación final.

Por ejemplo, podemos tener notas de trabajo en una capa que no queremos que aparezcan en el archivo final, pero son útiles a la hora de modificar un documento.

O bien, si trabajamos en una revista, podemos poner toda la publicidad en una capa, y ocultarla en un PDF «de archivo»: Algunos anuncios se hacen para una campaña concreta, y pierden su actualidad rápidamente…

- **El candado** nos permitirá bloquear la capa seleccionada, de manera que no la editemos por error. Podría ser el caso de una novela gráfica, en la que solo editamos los diálogos (quizá, en distintos idiomas…) pero mantenemos la información de los dibujos sin cambiar.

- **El símbolo de flujo de texto** servirá para decidir si los textos en una capa inferior se ven afectados o no por elementos y formas situados en una capa superior. Por defecto, esta opción está activa.

- **El último icono (representación simplificada)** mostrará los elementos de la capa de manera sencilla, sin decoración. Esto facilita el trabajo de nuestro ordenador a la hora de trabajar con composiciones complejas.

Gestión de capas

En la zona central de la ventana auxiliar de capas tendremos la lista de capas existentes en nuestra publicación, y en la barra inferior podemos ver los controles para la gestión de capas.

También de izquierda a derecha, las funciones disponibles son las siguientes:

- **Añadir capa**, para crear un grupo nuevo de nivel superior.

- **Borrar capa**, para eliminar un grupo de nivel superior y todos sus elementos.

- **Duplicar capa**, a partir de una seleccionada. Nos permite clonar los elementos de una página sobre otra (moviéndolos manualmente después), por ejemplo, o bien replicar elementos agrupados (marcos con texto, grupos de formas).

- **Subir de nivel**, de la misma forma que hacíamos con las formas desde la ventana auxiliar de Propiedades (F2) en su pestaña «X, Y, Z».

- **Bajar de nivel**, opción contraria a la anterior.

Si queremos trabajar con capas, deberemos crearlas cada vez que decidamos agrupar un conjunto de elementos para que se «vean» siempre juntos (por ejemplo, un anuncio en una revista, con imagen y varios textos).

La capa «activa» será la capa que tengas seleccionada en ese momento de la ventana auxiliar de capas. Los elementos que crees se colocarán en esa capa. Para mover elementos entre capas, podrás «cortar» el elemento de la capa de origen (seleccionada) y «pegar» en la nueva capa, después de activarla.

Pero hay una forma más directa de mover elementos entre capas. Una vez tienes al menos dos capas, podrás seleccionar un objeto cualquiera (o un conjunto de objetos, agrupados o no) y, haciendo clic con el botón derecho del ratón, verás la opción «Enviar a capa…» entre las opciones habituales.

Como he comentado, el uso de capas es más habitual en publicaciones complejas. Quizá no lo necesites en tu composición concreta. En ese caso, no las uses. Sólo añadirías complejidad a tu archivo. En cualquier caso, aquí te dejo unos ejemplos de utilización:

- Para incluir elementos «externos» a tus contenidos, como la publicidad indicada más arriba en una revista. Puedes elegir, por ejemplo, no imprimir esa capa de cara a una prueba de impresión de tu texto principal, o a la hora de generar archivos PDF para distribución sin esta publicidad.

- Para trabajar en grupo, de manera que cada diseñador trabaja en una capa independiente, que luego se «monta» en la composición final.

- Para añadir notas de trabajo, ya sea para otros diseñadores o para ti mismo / a (por ejemplo, ediciones especiales del texto, o por qué has aplicado una fuente diferente). Esas notas no se transferirán a la publicación definitiva.

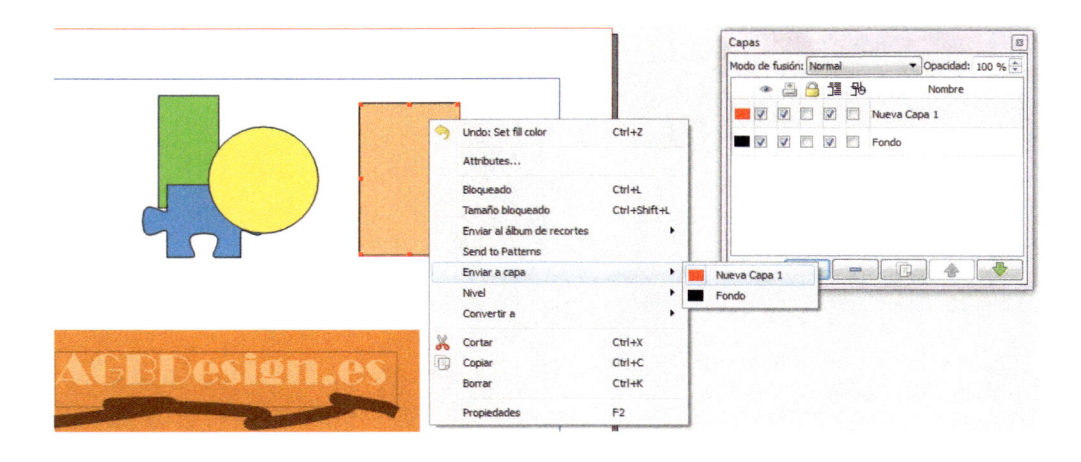

Tablas de Contenido

En Scribus será posible hacer listas de elementos, de cara a la creación de índices y tablas de contenido. Para crear estas listas, deberemos asignar ciertos atributos a los elementos que queramos listar. Vamos a ver este proceso paso a paso.

Creación de atributos

El primer paso será el de crear los atributos en las preferencias del documento. Ojo, no en las preferencias del programa. Para ello abriremos la ventana de configuración, desde el menú «Archivo – Configuración del documento». Seleccionamos la sección de Atributos de Objeto del Documento.

Ahora, podrás crear tantas etiquetas como desees. Por ejemplo, voy a crear una etiqueta llamada «TOC» (del inglés, «Table of Contents», tabla de contenidos).

Esta etiqueta sólo se utilizará internamente, así que es suficiente con que tú sepas qué quiere decir…

Puedes asignar un tipo al atributo. Por ejemplo,

> Nota: Puedes llamar a esta etiqueta como quieras: «Index», «índice», «camión»… pero la denominación TOC está muy extendida en Internet, por si quieres buscar más información.

puedes añadir un valor (texto) como ayuda o recordatorio, en caso de que utilices varias etiquetas.

También puedes crear otras etiquetas (por ejemplo, para hacer un listado de imágenes o de gráficos) de manera similar. También podrás eliminarlas, si finalmente no las utilizas.

Creación del marco destino

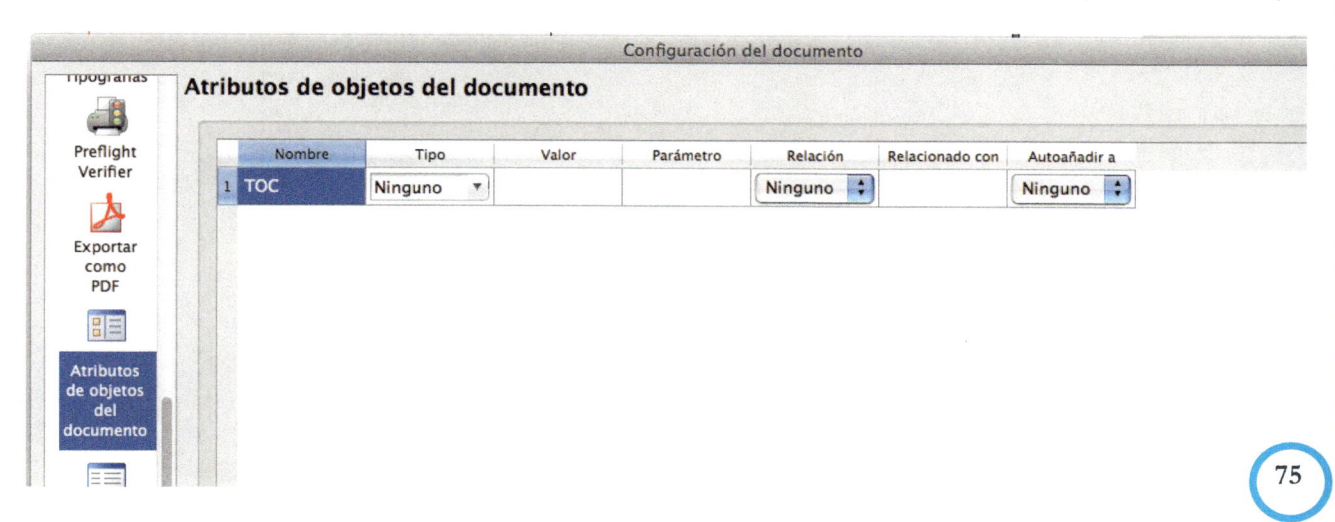

Un paso que es recomendable hacer antes de continuar es el de crear un marco de texto específico para contener el índice o la lista de elementos, mediante el proceso habitual (Atajo de teclado «T»), en una página con suficiente espacio para el marco.

Siempre podrás trabajar con más marcos enlazados, de la manera habitual, si tu índice es demasiado largo y no cabe en el marco de partida, pero habrá uno que tenga la prioridad a la hora de crear tu tabla de contenidos.

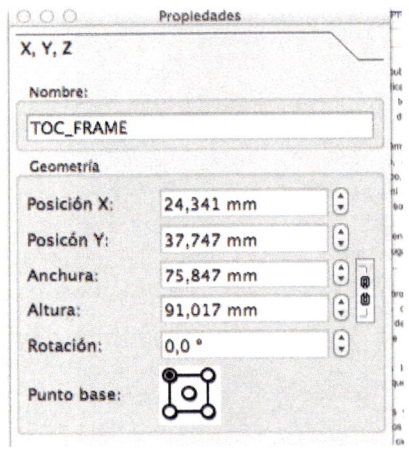

Lo más importante es que anotes el nombre de ese marco creado, o incluso que lo cambies en la ventana de Propiedades (F2). En mi caso, le he llamado «TOC_FRAME», pero podría ser «índice», «lista», «bicicleta»… Intenta buscar un nombre que puedas recordar posteriormente.

Definición de las tablas

Después, pasamos al apartado «Tablas de Contenido e índices», y veremos que podemos crear nuevas listas de la misma manera que hemos añadido las etiquetas: mediante el botón «Añadir», en la zona inferior.

Aquí deberemos configurar algo más de información. Por ejemplo, podremos elegir el tipo de contenido (la etiqueta) que queremos listar, del primer menú desplegable de arriba a la derecha. En nuestro caso, elegiremos la opción «TOC», que aparece porque la hemos creado anteriormente (no está por defecto).

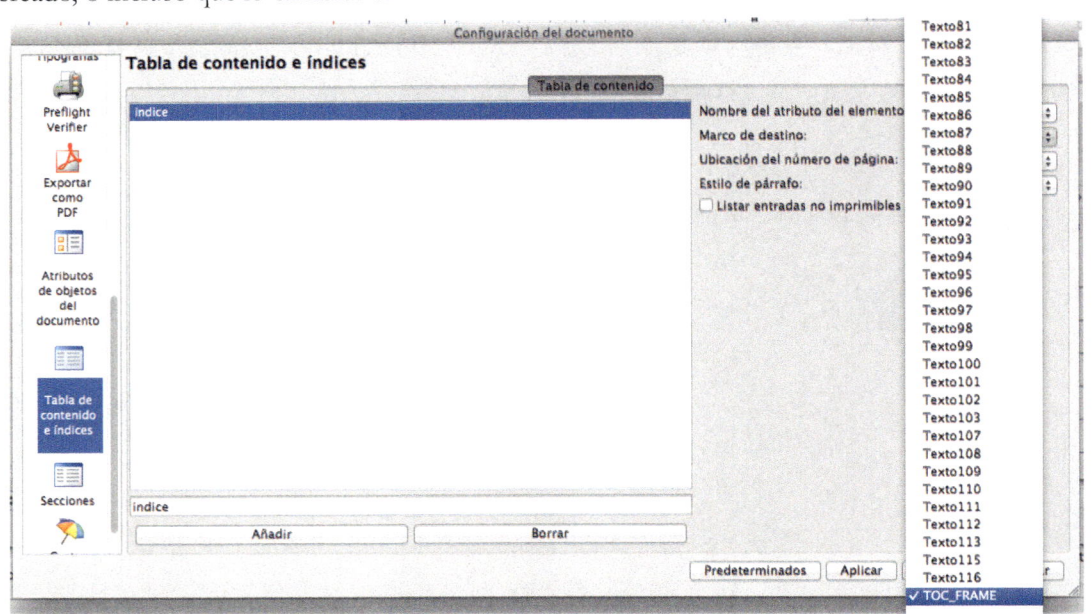

Después, seleccionaremos el marco destino de nuestra lista, buscando el nombre que hemos asignado según el apartado anterior. Este marco debe estar vacío. Si no lo está, Scribus eliminará su contenido para sustituirlo por el índice o tabla de contenidos deseada.

Respecto a la numeración de páginas, podremos decidir si queremos que se muestre a la derecha, o bien a la izquierda (delante de los elementos), o bien si no queremos mostrarla (por ejemplo, para un ebook).

Finalmente, podremos asignar un estilo propio al texto de la tabla de contenidos o al índice, desde el menú desplegable dedicado, tal y como puedes ver en la página anterior. También, nota que tengo disponibles los estilos que definí para mi publicación (en este caso, un diccionario).

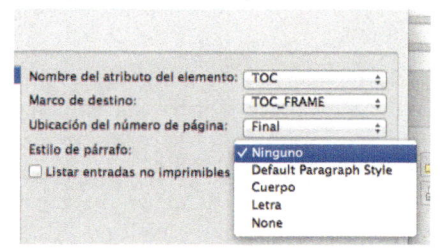

Asignación de atributos

Pero el trabajo no acaba aquí; hasta ahora, no hemos creado el índice, ya que no hay elementos con etiquetas que podamos listar.

Ahora, debemos asignar las etiquetas a cada uno de estos elementos que queremos que aparezcan en la lista. Para ello, seleccionaremos el elemento deseado, y elegiremos la opción «Attributes…» del menú contextual que aparece al pulsar el botón derecho del ratón:

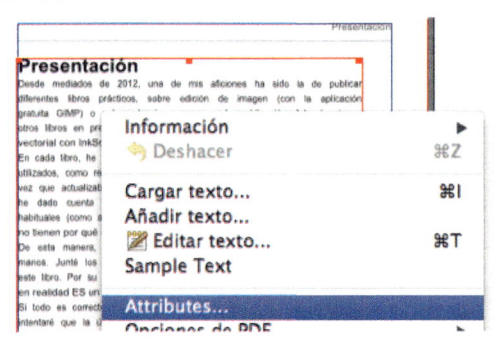

Añadiremos una etiqueta, introduciendo el texto que queremos que aparezca en la lista final dentro del campo «Valor»:

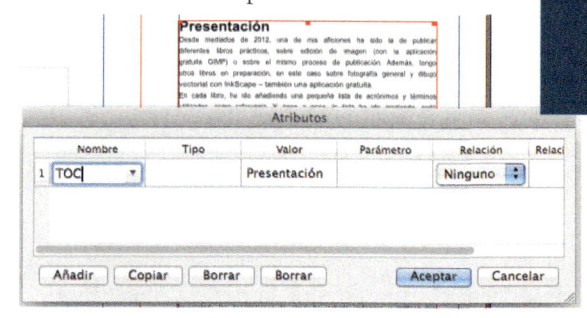

Nota que esta etiqueta puede ser exactamente el título de la sección o capítulo, o bien algo completamente distinto.

La principal ventaja frente a los editores tradicionales de texto es que un elemento (texto, imagen o forma) puede tener varias etiquetas, de manera que puede aparecer en diferentes listas dentro de una misma publicación. Además, estas etiquetas no están restringidas a un estilo de carácter o de párrafo, por ejemplo.

Creación automática de la tabla

Una vez tienes definidos los atributos, creada la definición de la tabla y asignadas las etiquetas a todos los elementos, lo único que te falta por hacer es generar el texto automático dentro del marco elegido.

Para ello, debes seleccionar el menú «Extras – Generate table of contents» (Generar tabla de contenidos), y Scribus creará el contenido dentro de los marcos destino para cada una de las tablas que hayas definido.

Los valores de las etiquetas y los números de página se rellenarán automáticamente en el marco de destino. El texto generado será un texto normal y corriente. No incluye enlaces a las secciones y podrás editarlo en todo momento.

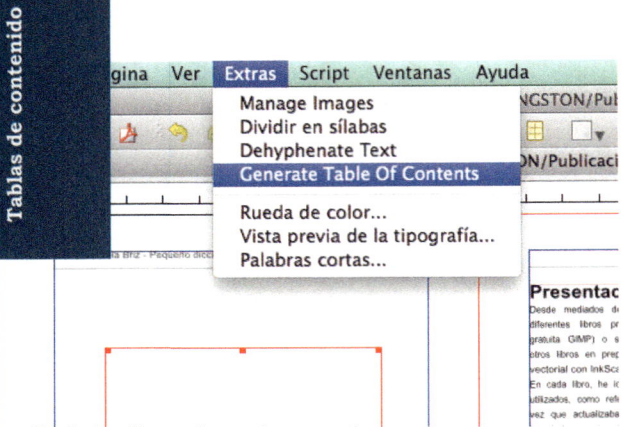

Tablas de contenido

esos tabuladores es la de definir un estilo de párrafo que los incluya.

En este caso, utilizo el mismo estilo por defecto («Default»), pero trabajo en la sección inferior de la ventana auxiliar de estilos, como puedes ver en la captura de abajo.

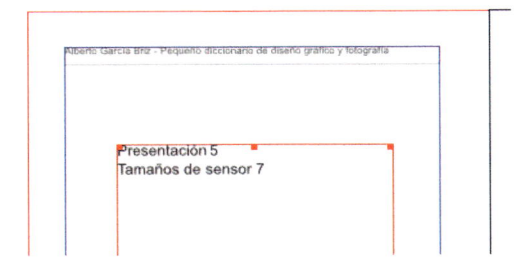

Podrás alinear los números de la misma manera que en tu editor de texto, con el icono respectivo.

Y… ya está. Siguiendo este proceso podrás crear tantas tablas de contenido (iguales o diferentes) como quieras. Y dado que cada elemento puede tener múltiples etiquetas, las combinaciones son infinitas…

> Puedes usar la herramienta de atributos para incluir otro tipo de información dentro de los elementos: el nombre del autor del texto o la foto, por ejemplo.

Los tabuladores se crean haciendo clic sobre la regla; se pueden desplazar sobre esta, o bien introducir un valor numérico (la captura muestra 80,117 mm, pero esto depende de la anchura de tu marco de texto). Para un índice, hay dos ajustes básicos:

• **El tabulador** ajusta a la derecha, de manera que los números de página aparecerán alineados a ese lado. También podrías ajustar a la izquierda (no notarías la diferencia respecto a la captura anterior), o bien al centro de la página.

• Se puede **definir un carácter de relleno**, que habitualmente es el punto en los índices. En otras aplicaciones, podrías elegir un guion, o bien un subrayado. Scribus te permite incluso definir un

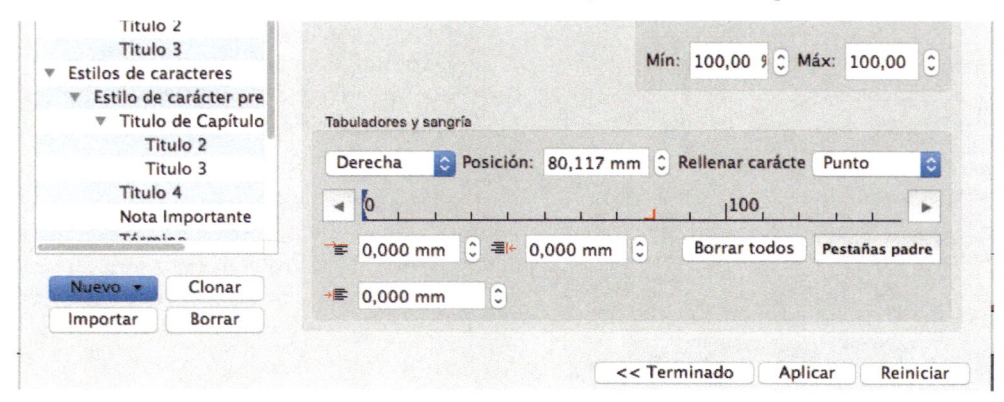

Con estilo propio

En cualquier caso, la manera más sencilla (y que te quitará dolores de cabeza, más adelante) de aplicar

78

carácter de relleno propio.

Una vez definido este estilo de párrafo, solo tienes que marcar el cuadro de texto principal de tu índice, y aplicar el estilo definido desde la ventana de Propiedades (F2).

Nota que el índice también es compatible con la distribución de un texto en varias columnas.

De nuevo, recuerda que puedes crear múltiples tablas de contenido, simplemente definiendo nuevos nombres para las variables o parámetros. Por ejemplo, podrías hacer una lista de fotografías, o de gráficas... Solo tú pones el límite.

Recuerda que cada índice independiente deberá apuntar a un marco de texto destino diferente.

> **Importante:** Un pequeño problema en Scribus es que la función de creación de tablas de contenido borra, como ya he indicado anteriormente, los contenidos del marco de texto de destino. Así, ese estilo «Índice» se perderá cada vez que llamemos a esa función, y tendremos que aplicarlo de nuevo.
>
> Este es el motivo por el que es más que recomendable crear un estilo de párrafo propio para esta función...

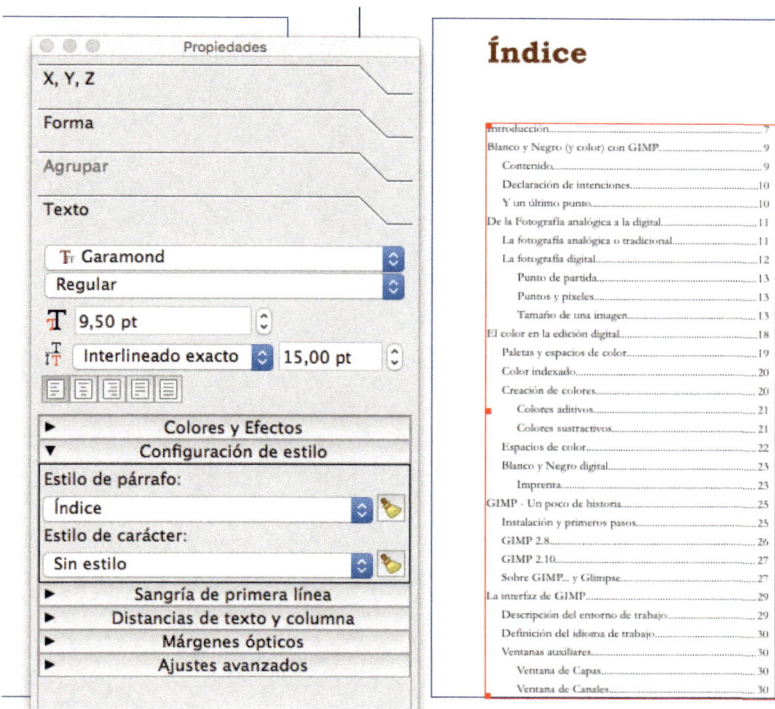

Sobre los números de página...

La generación automática de listas de Scribus asigna números fijos al texto creado, basándose en la página en la que hayamos creado los atributos. Pero aquí podemos tener un problema, si no planificamos nuestra publicación con tiempo.

Y es que Scribus irá llenando los marcos de texto que tengamos enlazados con el contenido del índice, sin tener en cuenta si este va a caber completamente o no. Por ejemplo, el índice de este libro, a dos columnas, ocupa prácticmente dos páginas enteras.

Una vez que se ha generado la lista, el texto es normal, sin ningún tipo de automatización ni actualización periódica. Podrás escribir sobre el índice, añadir o borrar contenidos.

Pero, ¿Qué hubiese sucedido si hubiese tenido un desbordamiento en la segunda página? En ese caso, hubiese tenido que insertar una página nueva y crear un nuevo marco de texto para enlazar, con el riesgo de arruinar el diseño de todas las páginas siguientes (¡y eso son casi todas en este libro!), ya que tengo una diferenciación clara entre páginas izquierdas y dererchas.

Quizá, por este motivo, mucha gente coloca el índice al final de los libros.

Alternativamente, puedes tratar de reducir el tamaño de la letra en el estilo "índice", quizá medio punto, o jugar con el interlineado, reduciéndo este en una medida similar... hasta conseguir encajar tu índice en los marcos que hayas creado previamente.

También puedes intentar simplificar tu índice, eliminando todas las entradas de nivel tres o más. Sin embargo, esto puede restarle utilidad al índice, si este se plantea como una herramienta de búsqueda.

En cualquier caso, si haces algún cambio importante en tu documento (con impacto en el número de páginas), siempre es recomendable que generes de nuevo el índice, para confirmar que todo sigue en su sitio...

Elementos de un PDF

Una de las posibilidades que incluye Scribus es la de generar archivos en formato PDF con campos editables, para crear formularios. A pesar de que su utilización requiere ciertos conocimientos avanzados (y por tanto, no es parte de este manual básico), voy a revisar las diferentes opciones disponibles.

En la lista de iconos superiores, vimos que teníamos los siguientes accesos a elementos de PDF:

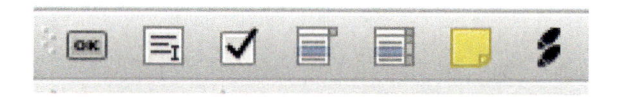

Por orden, corresponden con los siguientes contenidos:

- **Botón PDF**: para lanzar alguna acción. En muchos casos, estos formularios no permiten el guardado de los datos, pero sí su envío por correo electrónico, por ejemplo.

- **Campo de texto**: Similar a los marcos de texto, puede incluir algún formato avanzado, como una fecha, o un número con una cantidad determinada de decimales.

- **Casilla de opción (check-box)**: para seleccionar una alternativa. Por ejemplo, el sexo de la persona que rellena el formulario.

- **Caja «combinada»**: Para presentar una lista de opciones, el usuario debe hacer clic para verlas y hacer su elección.

- **Caja de «Lista»**: Similar a la anterior, pero una opción es visible (y se considera seleccionada) por defecto.

- **Anotación de texto**: Texto oculto (en principio), te permite añadir notas privadas o enlaces a Internet.

Importante: Dada la preocupación actual por la ciberseguridad, muchos servidores y clientes de correo electrónico podrían bloquear el envío de archivos PDF, si estos incluyen direcciones de Internet clasificadas como «sospechosas».

Deberás tener esto en cuenta, según el destino que quieras dar a tus publicaciones.

- **Anotación de enlace:** Permite incluir saltos en el formulario, para llegar a una posición concreta del mismo. También puedes utilizarla para añadir enlaces a Internet.

Como en cualquier otra publicación, es recomendable tener una primera idea de la composición sobre el papel. Por supuesto, puedes incluir además textos «normales» o estáticos, para dar instrucciones, por ejemplo. Y lo mismo con las imágenes, si debes incluir algún logotipo o imagen explicativa para el formulario.

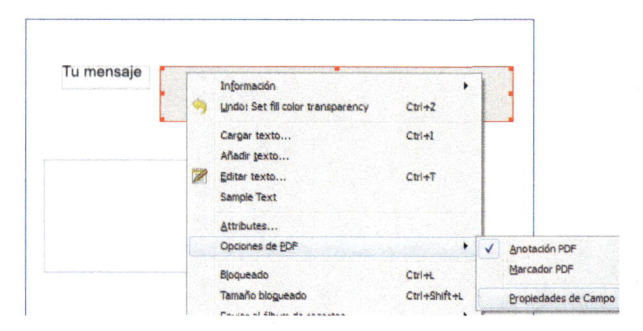

En cualquier caso, una vez has creado los campos PDF puedes acceder a sus propiedades mediante el menú contextual que aparece con el botón derecho.

81

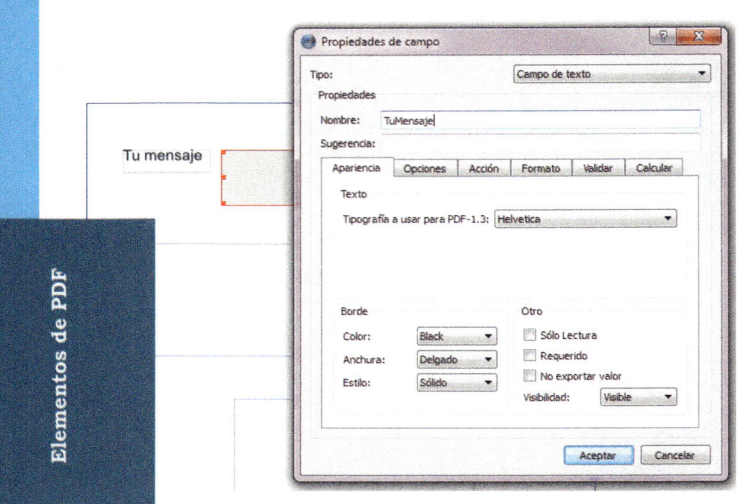

del ratón («Opciones de PDF – Propiedades de Campo»):

Según el tipo de elemento, podrás editar más o menos ajustes. Una práctica útil es la de asignarles nombres representativos del contenido: Dirección, Nombre, Ciudad… si posteriormente vas a necesitar procesar la información.

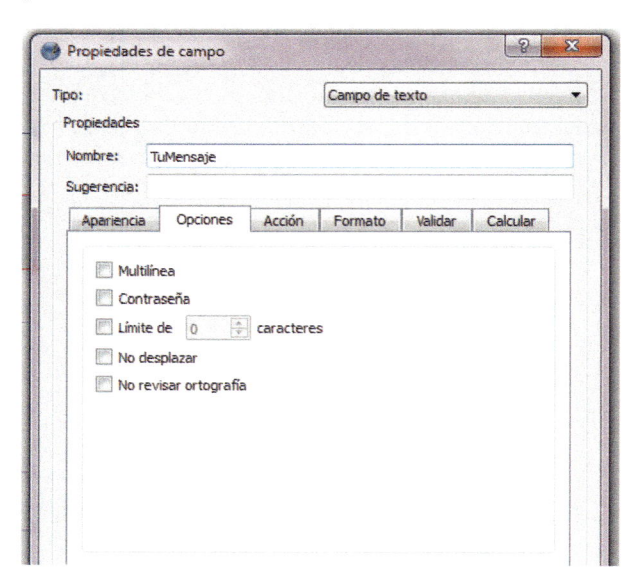

Las diferentes pestañas te permitirán configurar la apariencia y las acciones que se realizarán con los campos que vayas generando en el formulario.

Por ejemplo, la pestaña «Opciones» te puede permitir definir si un campo de texto editable puede incluir varias líneas, o bien si su edición está protegida con una contraseña; si su extensión estará limitada (como los 140 caracteres de Twitter) o bien si se debe comprobar la ortografía:

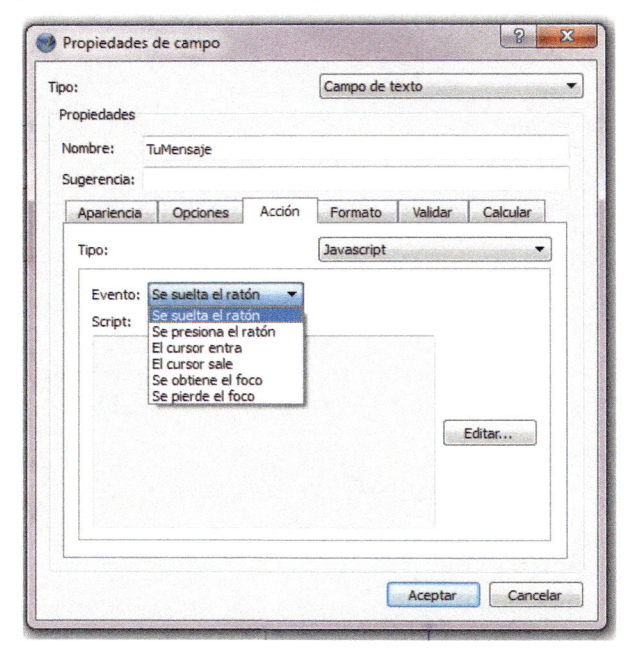

La pestaña «Acción» permite definir qué debe hacer tu visor de PDF cuando el campo está activo (por ejemplo, estás introduciendo texto) y sucede «algo».

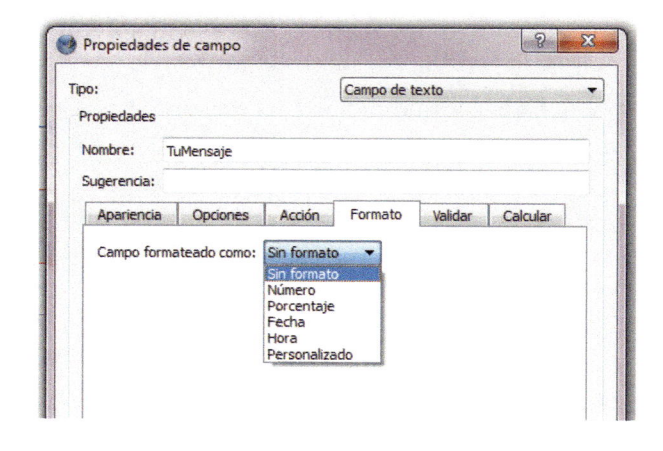

En ese caso, podrás definir qué es ese algo, y utilizar una función programada en JavaScript:

Y este puede ser tu gran problema: debes saber programar en lenguaje JavaScript, o bien buscar ejemplos en Internet. La página oficial de Scribus contiene gran cantidad de documentación, aunque quizá no tan extensa sobre el lenguaje JavaScript en sí mismo.

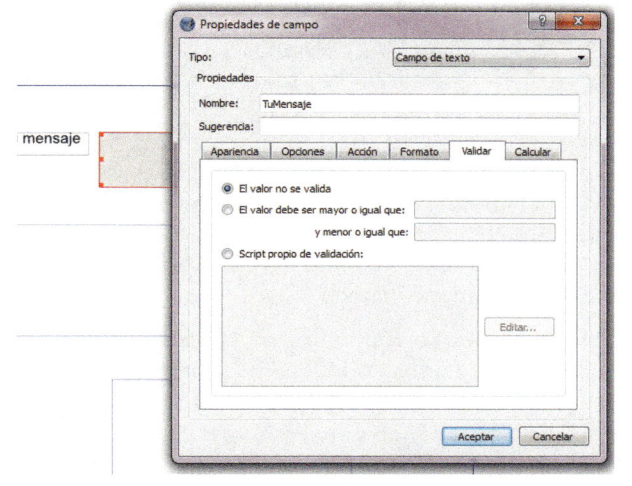

La pestaña «Formato» te permite fijar cómo se presentará la información de un campo determinado, aunque se limita a formatos habituales de texto: Número, porcentaje, fecha, hora…

La pestaña «Validar» te permite comprobar la validez de los datos de entrada con unas reglas básicas, o bien (de nuevo) mediante una función más compleja programada en JavaScript.

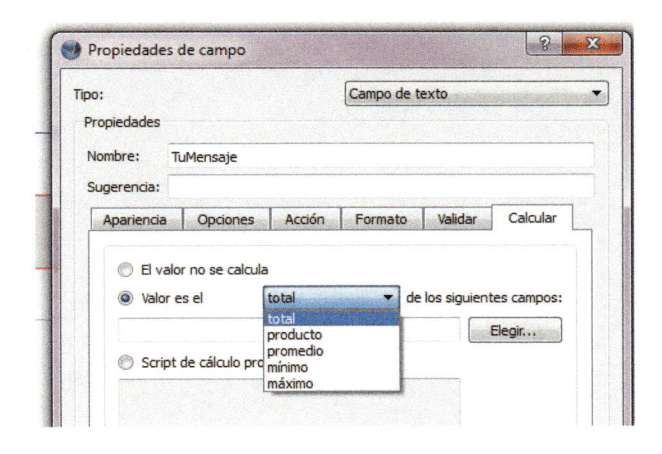

Puedes utilizarla, por ejemplo, para confirmar que quien rellena el formulario es mayor de edad.

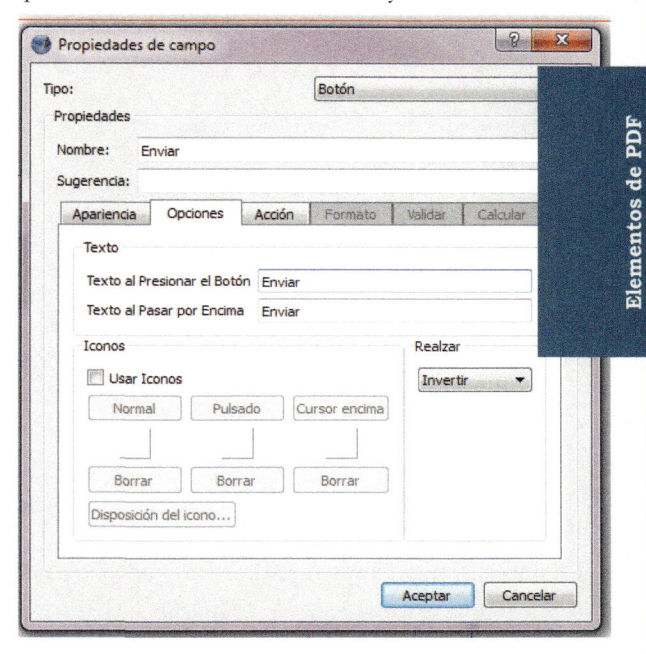

Finalmente, mediante la pestaña «Calcular» puedes utilizar un campo (o varios) del formulario PDF para mostrar información calculada a partir de los datos de entrada.

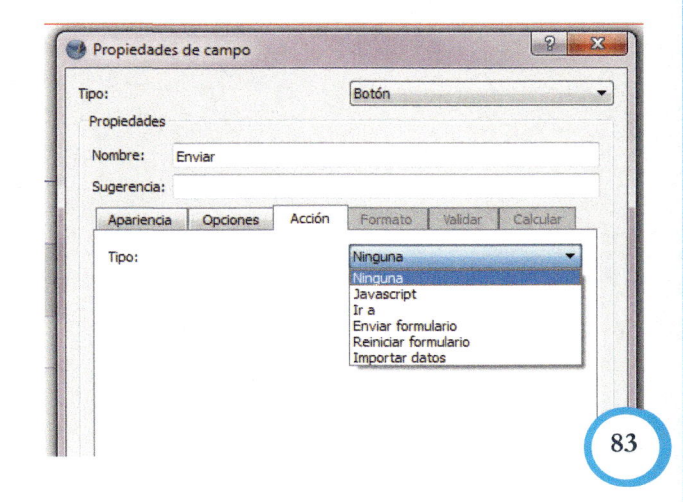

Por ejemplo, puedes mostrar la edad a partir de una fecha de nacimiento, o bien el índice de masa corporal basado en la altura y el peso, o cualquier otro valor que puedas pensar.

Una vez más, requerirás conocimientos de JavaScript para crear estos cálculos complejos.

Por supuesto, con diferentes tipos de elementos las opciones disponibles en la ventana de Propiedades de Campo variarán; por ejemplo, en el caso de los botones, podrás decidir su aspecto y cómo cambian al interactuar con el ratón:

Si así lo prefieres, podrás asignar imágenes para los botones, pudiendo subir una imagen diferente para el botón sin pulsar, pulsado y cuando el ratón está por encima del mismo.

En ese caso, además, las acciones serán más «directas», y relativas a las funciones esperadas de un botón:

Sea como sea, poco a poco podrás ir componiendo tu formulario PDF, y deberás exportarlo de la manera habitual, como veremos en una sección posterior. Si todo es correcto, el usuario debería ser capaz de abrir el formulario con su visor de PDF y rellenarlo o interactuar con él.

Quizá no estés buscando una herramienta para generar formularios en PDF. Sin embargo, siempre es útil tener una a mano, por si acaso. Scribus te puede ayudar en momentos puntuales, aunque inicialmente lo utilices, por ejemplo, para maquetar tus novelas...

> **Truco:** Si manejas formularios habitualmente, quizá estés habituado a «saltar» de un campo a otro mediante la tecla «Tabulador».
>
> El formulario PDF generado por Scribus también te permitirá hacerlo.
>
> El orden en el que se harán esos saltos viene definido por el nivel de los diferentes elementos, según los vas creando. Recuerda que puedes modificarlo desde la ventana auxiliar de Propiedades (F2).

El Color en Scribus

Hasta ahora, hemos visto cómo definir los estilos de textos y formas, para poder aplicarlos de una manera consistente a lo largo de nuestra publicación.

Y el mismo proceso se puede seguir para definir una serie de estilos de línea (no lo mostraremos aquí), para configurar gruesos, tipos de trazado (puntos, rayas, continuo) y colores.

Pues bien, vale la pena incluir una pequeña sección dedicada al uso del color. Por supuesto, puedes omitir su lectura y saltar a la sección siguiente. Esta sección puede leerse de manera independiente.

Espacios de color

En publicaciones, se trabaja con dos espacios de color tradicionales: el primero es el espacio RGB, aditivo, se utiliza en pantallas y monitores; los colores se generan por adición.

Normalmente, trabajaremos con tres canales de color (rojo, verde y azul) de ocho bits cada uno, por lo que cada color individual de nuestro diseño estará definido por 24 bits (llamado color real).

Por el contrario, en imprenta (e impresoras caseras) se suele utilizar el segundo espacio o sistema de color, el CMYK, substractivo.

En este caso, los colores se generan eliminando colores o longitudes de onda concretas, mediante la aportación de diferentes pigmentos a cada punto. El sistema CMYK también se define (para su gestión digital) con canales de ocho bits, en este caso cuatro: Cian, magenta, amarillo y negro. En principio, el color negro no es estrictamente necesario, como puedes ver en la imagen de la derecha.
Teóricamente, el negro se obtiene de la mezcla de los otros tres colores.

Arriba: generación de colores aditivos en el sistema RGB. Abajo: generación de colores substractivos en el sistema CMYK.

Sin embargo, se utiliza en imprenta (y sobre todo en las impresoras de chorro de tinta), para conseguir un mayor contraste. Según los pigmentos utilizados, sin el color negro el resultado sería un marrón oscuro poco agradable, algo que podría arruinar nuestro diseño.

Matemáticamente, habrá más combinaciones en el sistema CMYK, por lo que la definición del color será más precisa. Por el mismo motivo, no hay una correspondencia directa entre colores de ambos espacios, y siempre se utiliza cierto redondeo.

Nota: no debe preocuparte esta situación. La representación de los colores sólo presenta algunos tonos críticos en los límites de las gamas, y raramente los utilizarás.

De todas formas, al trabajar con el sistema CMYK las imprentas aseguran una buena representación de los colores, aunque trabajes localmente en RGB.

En cualquier caso, la recomendación es que trabajes en un único sistema de color en tu documento. Cuando revisé las preferencias del sistema comenté que hay una pestaña dedicada, en la que puedes activar esta gestión de los espacios de color:

La explicación de los diferentes perfiles de color y su impacto en el resultado final de tu publicación va más allá de la orientación de este manual básico.

Salvo que tu editor o la imprenta seleccionada te exija una opción determinada, no deberías modificar estos ajustes por defecto.

En cualquier caso, sí que veremos un caso especial en el momento de la exportación a PDF, que nos requerirá activar la casilla de gestión del color.

Definición de conjuntos de colores

Pero, incluso si fijamos un espacio de color determinado, tendremos que tomar ciertas decisiones a la hora de definir nuestros estilos personalizados, para conseguir una publicación más personal.

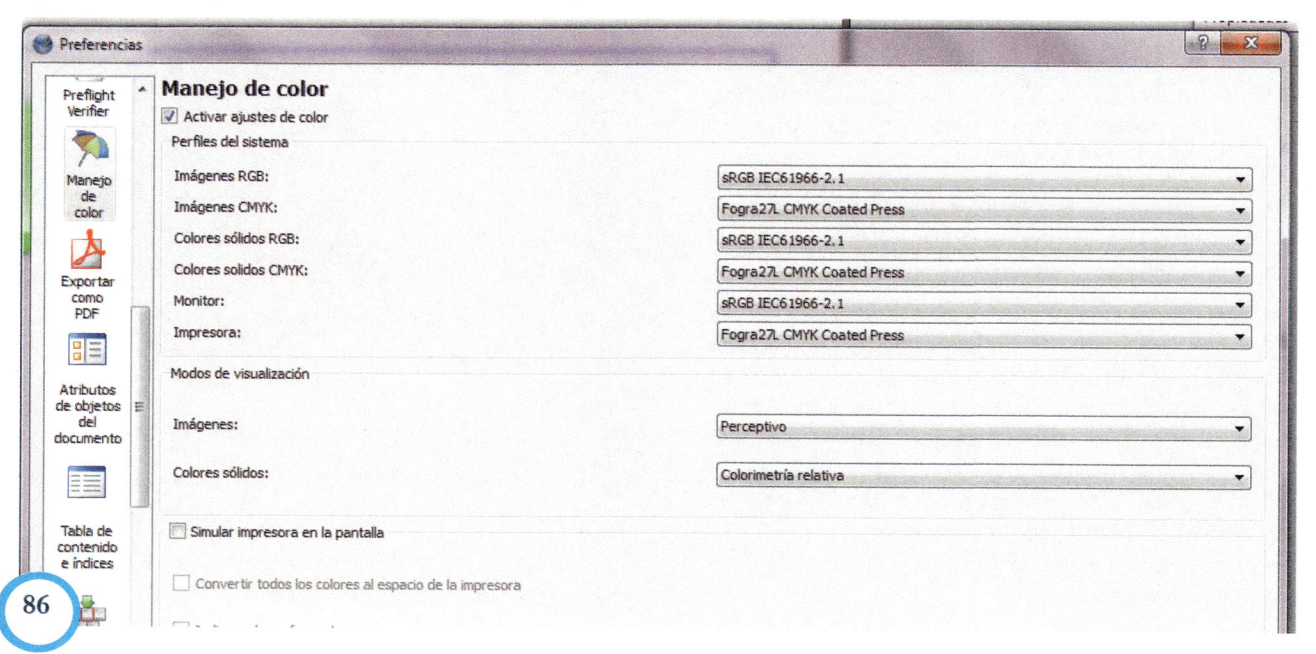

La mayoría de los libros y manuales de diseño gráfico te recomendarán que no mezcles muchos colores diferentes en tus composiciones. Casi todos los textos sugieren el uso de un máximo de tres colores.

Sin embargo, el sistema RGB es capaz de representar algo más de 16,7 millones de colores diferentes, de manera que la sugerencia tampoco ayuda mucho a la hora de seleccionarlos.

Pero no te preocupes. Afortunadamente, mucha gente ha estudiado esta situación anteriormente, y se ha llegado a la conclusión de que hay varias formas útiles y simples para la definición de un conjunto de colores determinado, que puedas utilizar de manera uniforme a lo largo de toda tu publicación.

Scribus incluye una herramienta muy útil para la creación de estos conjuntos de colores, llamada «Rueda de color». Está disponible como «Extra», en el menú del mismo nombre.

> Yo mismo utilizo esta Rueda de Color de Scribus, por ejemplo, para seleccionar conjuntos de colores, que luego utilizaré en otros programas de edición, como GIMP e InkScape, simplemente copiando los valores RGB

A continuación, vamos a ver las diferentes opciones disponibles desde el menú desplegable que aparece debajo de la rueda de color.

- **Monocromática**: se basan en la definición de un color de referencia, junto con otro más claro de la misma gama y otro más oscuro.

El color de referencia (o color base) se marca mediante el punto rojo, y podemos desplazarlo alrededor de la rueda con el ratón. Seleccionando el color resultante de la lista de la derecha veremos sus valores en la zona inferior.

Nota que Scribus también te muestra el resultado de esos colores con texto blanco y negro en la zona inferior izquierda, para que te hagas una idea de su impacto en tu diseño.

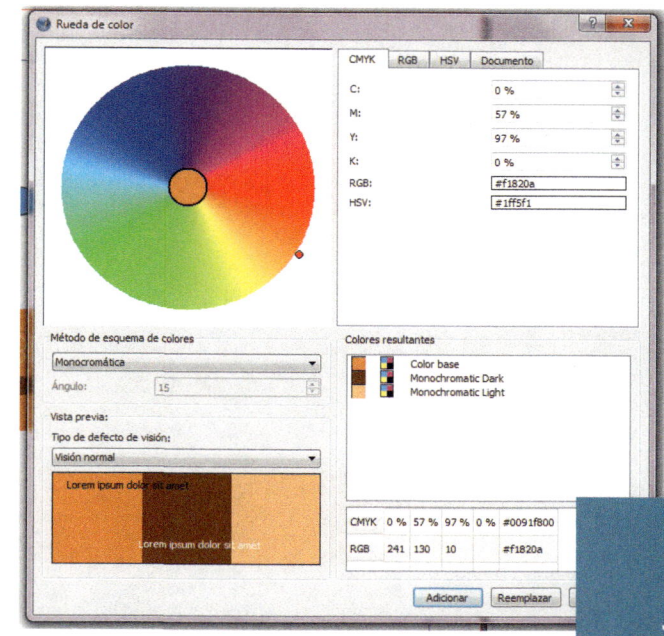

También te permite la entrada numérica, si conoces los valores RGB o CMYK de tu color «base». Esto te puede resultar útil si trabajas, por ejemplo, con un color corporativo.

- **Análogos**: se selecciona un color más dos colores «cercanos». A partir del color de referencia, podemos definir el ángulo o distancia a los otros dos colores.

Cuanto mayor sea el ángulo, más alejados estarán esos colores. Si, por el contrario, eliges un ángulo muy pequeño, estos podrían confundirse. Tienes una captura de esta ventana auxiliar en la siguiente página.

- **Complementaria**: Busca el color opuesto (complementario) al elegido. Suelen ser combinaciones con mucho contraste, que pueden resultar llamativas – o un completo desastre.

87

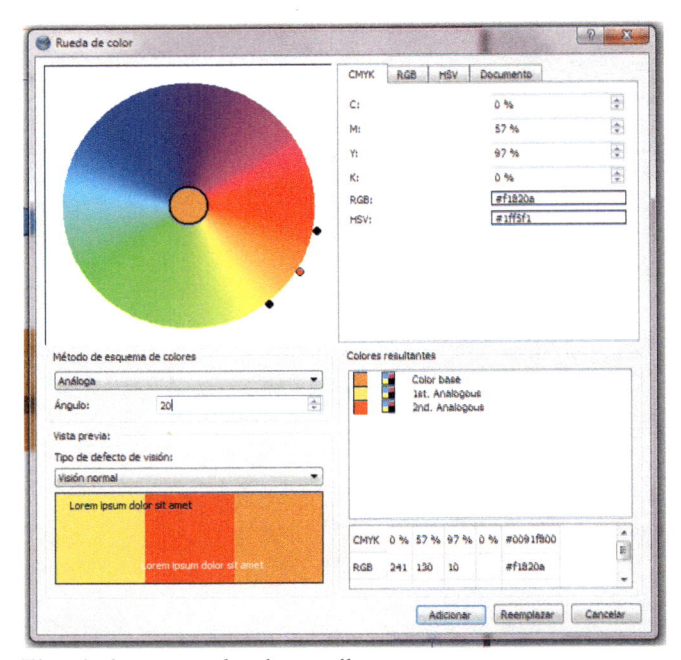

Ejemplo de esquema de colores análogos

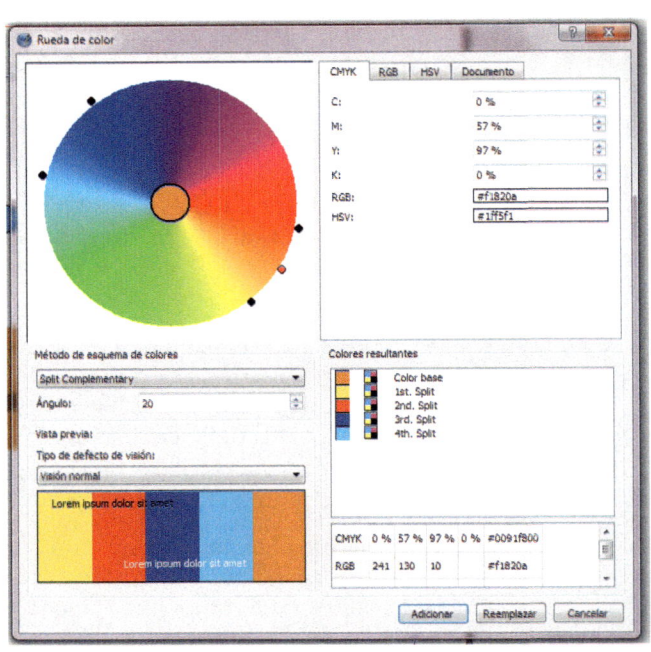

Ejemplo de esquema de colores Split Complementary

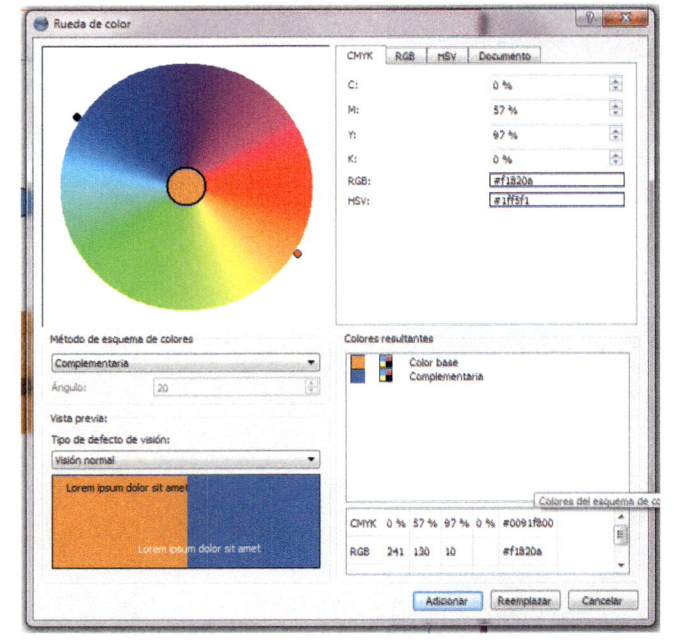

Ejemplo de esquema de colores complementarios

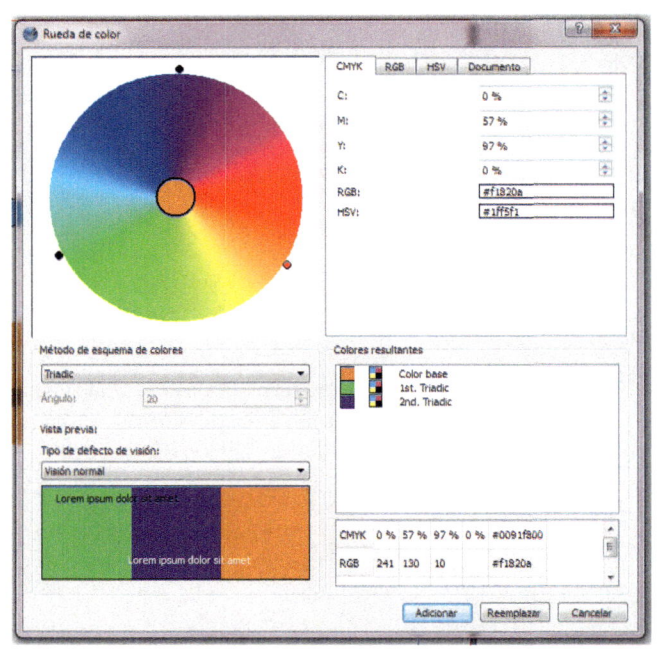

Ejemplo de esquema de colores triadic

El color

88

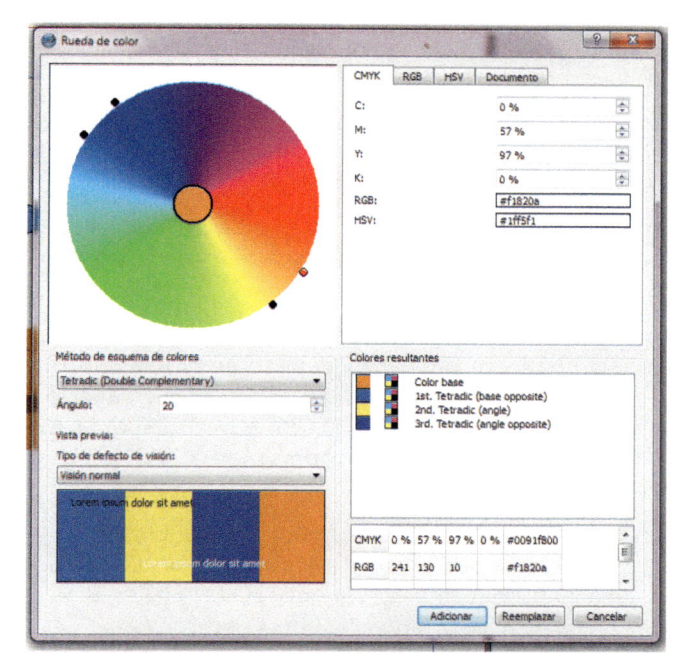

Ejemplo de esquema de colores tetradic

más los dos complementarios de estos.

En las capturas de estas dos páginas, puedes ver capturas de pantalla de las diferentes opciones. Nota que, según el esquema elegido, Scribus te propondrá entre dos y cinco colores diferentes.

Aplicación de los colores definidos

No te preocupes: no es necesario que copies los valores. Una vez que estás satisfecho con una combinación determinada, sólo tienes que hacer clic en el botón marcado como «Adicionar».

El conjunto de colores se copiará a los menús desplegables disponibles en las diferentes pestañas de la ventana de Propiedades (F2), la de Estilos (F3) o la de Edición de Textos.

En la captura siguiente, puedes ver cómo Scribus ha añadido un "Color base" y dos variaciones, en este caso Monocromáticas, a nuestra lista de colores disponibles.

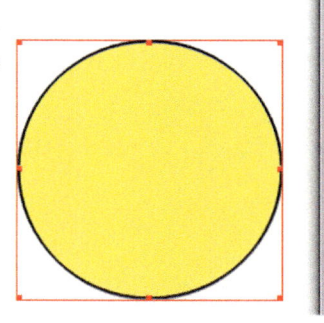

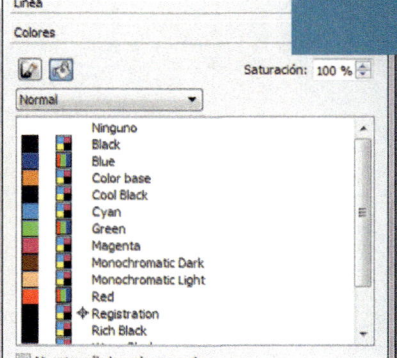

Si utilizas este método de esquema de colores, debes tener cuidado en la selección del color de partida.

- **Split Complementary**: Algo más compleja (y quizá poco recomendable), esta opción produce un conjunto de cinco colores. Es similar a la opción análoga, pero además propone los colores opuestos a los análogos.

De nuevo, depende de ti (y del tipo de publicación que estés preparando) el decidir si este tipo de combinaciones de colores es adecuado.

- **Triadic**: En este caso se propondrán dos colores junto con el seleccionado, de forma similar a la análoga, pero con la característica de que el ángulo o distancia es de 120 grados. Si seleccionásemos un color primario (por ejemplo, el rojo) obtendríamos los otros dos (verde y azul).

- **Tetradic (double complementary)**: Se calcula un color a una distancia dada del de referencia,

Esos colores estarán disponibles para aplicarlos por tanto en textos, formas y líneas en tu publicación. De la forma habitual, deberás seleccionar el estilo o elemento deseado, y elegir el color de línea o relleno desde la ventana auxiliar correspondiente.

Pre-Prensa

Llegados a este punto, debemos revisar un tema poco conocido, pero clave para producir una publicación de calidad. En concreto, voy a tratar los aspectos relacionados con la impresión final de las publicaciones que podemos preparar con Scribus.

Y es que no es agradable ver cómo una imprenta rechaza nuestros archivos porque no cumplimos con alguna de sus reglas básicas de diseño.

Verificación «pre-vuelo»

Afortunadamente, Scribus incluye una herramienta muy útil, si pretendes trabajar con estas imprentas externas (es decir, si no vas a imprimir en casa). Esta herramienta es la verificación «pre-vuelo», y comprueba que tu documento cumple con ciertos requisitos que son exigidos habitualmente por esas imprentas externas, ya sean tradicionales o bajo demanda.

En la descripción de las Preferencias, al principio de este libro, vimos que había una sección dedicada a esta verificación (el título aparece todavía en inglés, como "Preflight Verifier"). Vamos a verla ahora con más detalle, una vez que conoces los conceptos a revisar.

Entiendo que las descripciones de la ventana de Preferencias son claras, y por tanto no las describiré una a una. Sin embargo, sí que vale la pena revisar alguna de ellas con detalle. Otras opciones son demasiado especializadas, y quedan fuera de este manual básico.

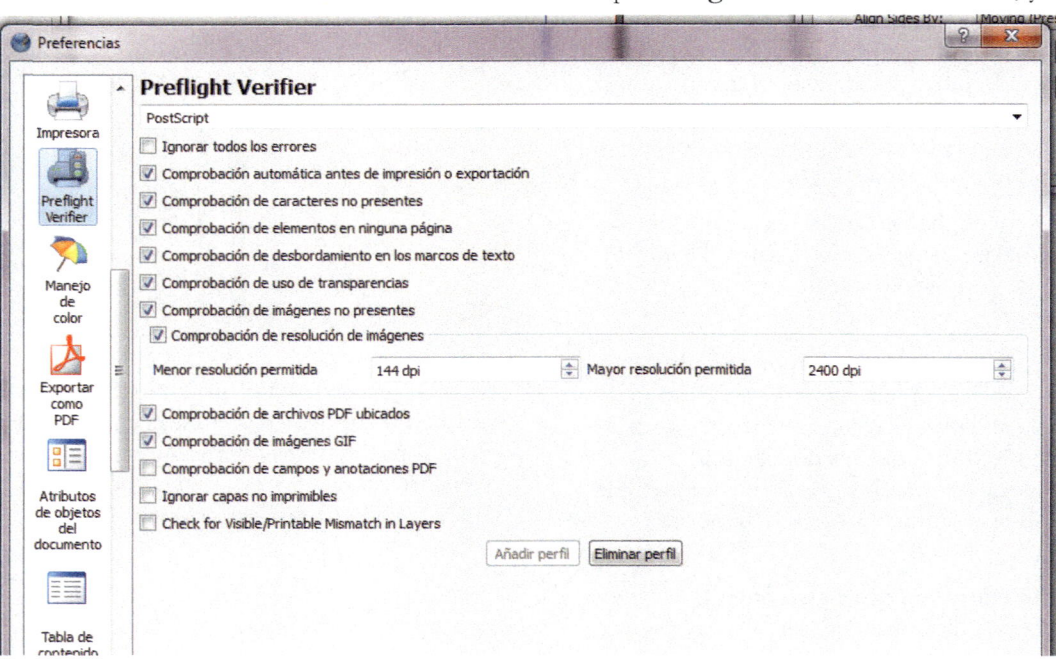

Obviamente, en diseños complejos desactivaremos la opción **"Ignorar todos los errores"**, ya que queremos que esta comprobación los detecte.

Entonces, la opción «**Comprobación automática antes de impresión o exportación**» hará que la verificación se haga (si está marcada) en el mismo proceso de exportación a EPS o PDF. Esto te evitará tener que seleccionar el comando de verificación manualmente, cada vez que geners un archivo de ese tipo.

La «**Comprobación de elementos en ninguna página**» mirará que no hayas movido un marco de texto, imagen o forma fuera de la zona imprimible (incluyendo el área de elementos no visibles). Formalmente, no debería haber elementos fuera de la publicación. Si los hay, simplemente no aparecerán visibles en el archivo final, pero ocuparán cierta cantidad de memoria en el documento.

En algunas imprentas, el proceso de comprobación de los archivos es muy concienzudo – y automático. Podrías encontrarte el caso de que te informen de un error que impide la impresión, solo para comprobar que hay un marco de texto innecesario (incluso, vacío) de tu composición...

Algunas imprentas no aceptan contenidos con transparencia (en algunas imágenes, como las de formato GIF o PNG, puedes ocultar un color para dejar visible lo que hay debajo).

Esta transparencia puede producir representaciones incorrectas a la hora de imprimir, por lo que (al menos) deberás confirmar que no hay problemas. La comprobación se hace al activar la casilla «**Comprobación de uso de transparencias**».

«**Comprobación de imágenes no presentes**» detectará si hay un marco de imagen vacío, bien porque no se ha asignado un contenido o bien porque este se asignó como vínculo, y la imagen indicada no se encuentra. En este caso, deberás reasignarla, tal y como vimos en secciones anteriores.

Finalmente, la «**Comprobación de resolución de imágenes**» detectará si los valores de resolución no son correctos. Como comenté en secciones anteriores, para publicar un archivo electrónico (PDF) no necesitas resoluciones muy altas. Valores de 72, 96 o incluso 100 ppp serán correctos.

Podrías fijar la comprobación entre 50 y 150, por ejemplo. Para el caso de impresión en papel (donde lo habitual son 300 ppp), te recomendaría trabajar entre 200 y 600 ppp en tus imágenes.

Una vez has creado tus ajustes para un tipo de publicación (libro, folleto, revista…), puedes guardarlas como un «perfil», de manera que puedes alternar entre perfiles si trabajas con tipos diferentes de publicaciones.

Trabajo con la verificación pre-vuelo

La verificación «Pre-vuelo» se lanza desde el comando «Ventana – Preflight Verifier», o bien desde el icono dedicado disponible en la barra superior de la ventana de trabajo:

Esta verificación comprobará el estado del documento según los ajustes anteriores. Las páginas maestras también se comprueban, ya que sus elementos también formarán parte de las páginas de la publicación.

La ventana de diálogo será muy sencilla, mostrando una lista de todas las páginas de la publicación e indicando en qué páginas hay errores, y qué errores se han encontrado en cada una de ellas, como puedes ver en la captura de pantalla de la página siguiente.

Por ejemplo, vemos que nuestra página maestra «Fondo Gris» tiene dos errores que pueden ser críticos: un objeto y un texto incluyen la propiedad de transparencia. En realidad, no es un error, sino que al asignar el color (del fondo gris y el texto de fondo) fijé un color negro con un porcentaje de relleno, para conseguir los tonos de gris.

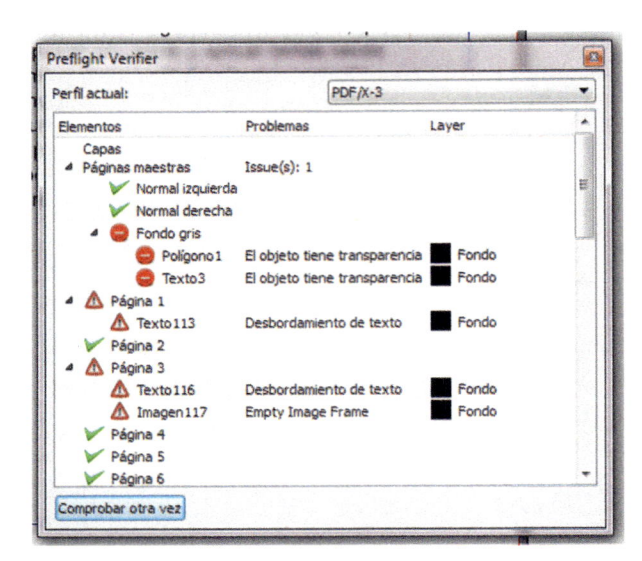

Esto podemos verlo haciendo clic sobre cada línea de error. Scribus te llevará a la página donde está el error, y seleccionará el elemento automáticamente.

Una vez has corregido (o no) el error, puedes pulsar el botón de «Comprobar otra vez», para confirmar que se ha eliminado el error.

Exportación a PDF

Para realizar la exportación a PDF, puedes utilizar el comando «Archivo – Exportar – Guardar como PDF…», o bien mediante el icono dedicado de la barra de herramientas:

Si los has configurado así (tal y como he explicado en la sección anterior), se hará una verificación prevuelo como primer paso. En la ventana de informe de la verificación, aparecerá un nuevo botón («Ignorar errores»), abajo a la derecha.

Este botón te permitirá iniciar la conversión, ya sea porque no hay errores en el documento, o porque hayas decidido ignorarlos (no son errores en realidad, o sólo estás preparando una prueba para impresión, por ejemplo).

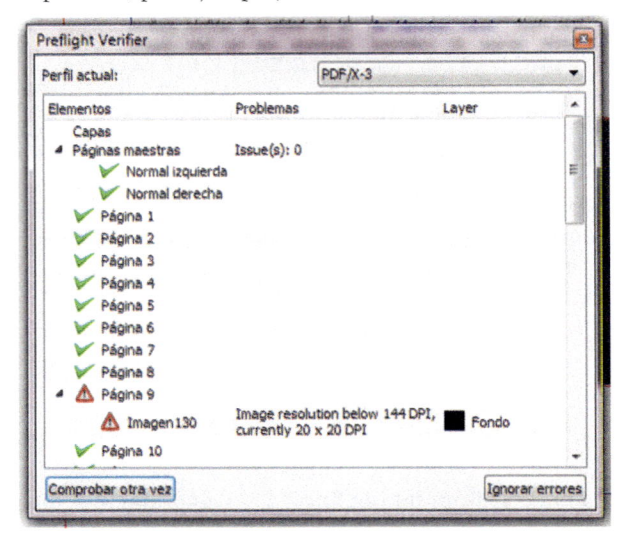

Entonces, Scribus te presentará la ventana auxiliar de conversión o exportación al formato PDF:

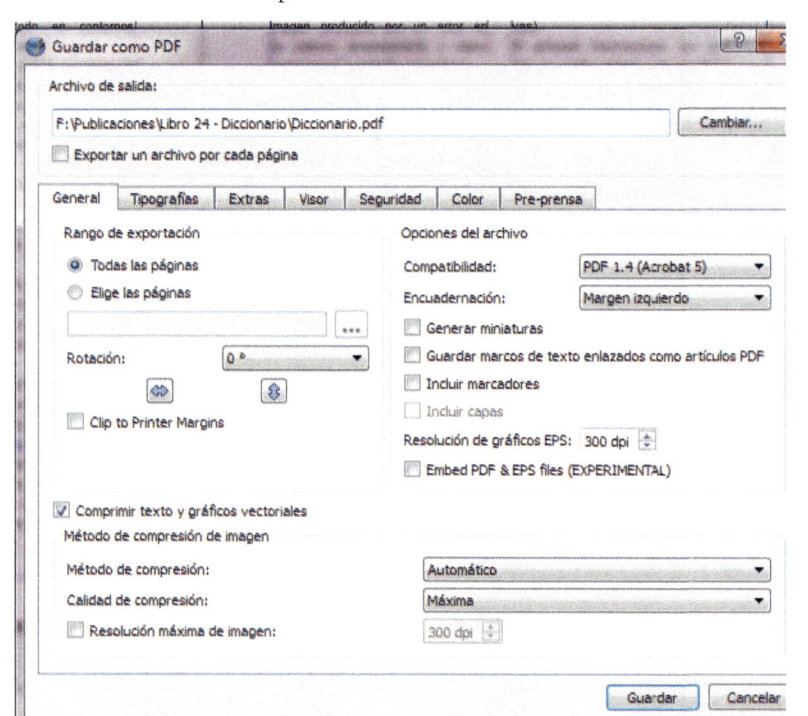

El consejo sería, de nuevo, que no modifiques nada, si no tienes muy claro lo que estás haciendo: la mayoría de las veces, las opciones por defecto serán adecuadas para tu publicación.

Sin embargo, puede que quieras cambiar algunos valores concretos, como, por ejemplo:

- **Exportar un archivo por cada página**: Cada página será un archivo PDF diferente. Scribus creará una carpeta y colocará allí todos los archivos numerados.

- **Rango de exportación:** si no quieres que todas las páginas aparezcan en el archivo PDF, puedes seleccionar los números de página concretos a exportar.

- **Comprimir texto y gráficos vectoriales**: reducirá el tamaño del archivo PDF de salida. Podrás decidir el tipo de compresión (con o sin pérdidas) y la calidad de esta compresión.

- **Generar miniaturas**: esta opción permitirá una navegación más ágil en tu visor de PDF, cuando el público los lea.

- **Guardar marcos de texto enlazados como artículos PDF**: podrás recuperar el texto de los diferentes marcos al seleccionarlo.

- **Incluir marcadores**: para el caso de que hayas incluido enlaces lógicos en el texto.

Otras opciones de la exportación a PDF

Como habrás podido observar, hay varias pestañas en la ventana de exportación. Vamos a ver brevemente para qué sirven:

Tipografías

Si utilizas un tipo de letra especial, puedes incluirlo dentro del archivo PDF para asegurar que tu imprenta lo tendrá disponible a la hora de abrirlo.

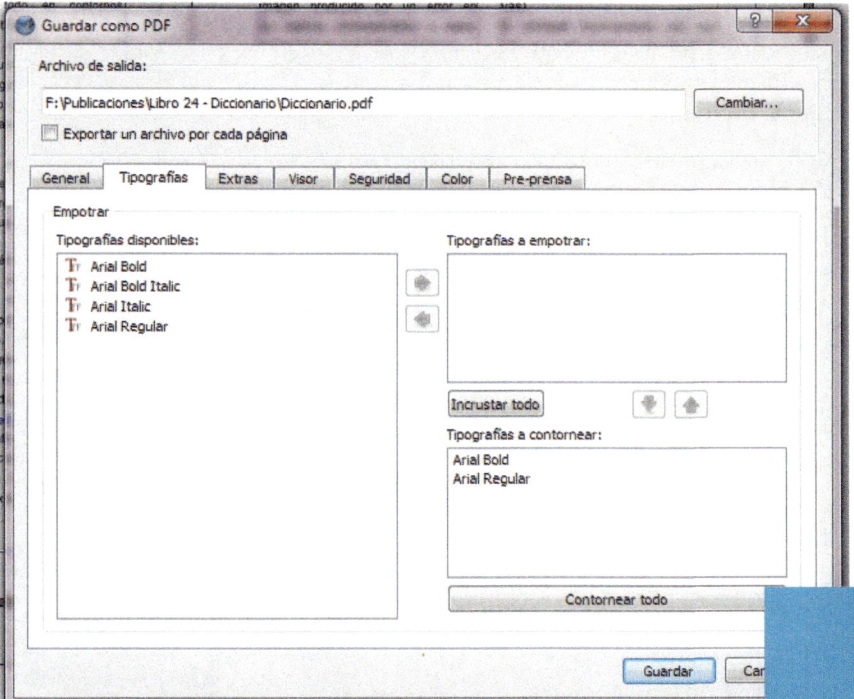

Si no lo haces, podrías encontrarte con que lo sustituyen por otro «parecido» y pueden arruinar tu composición, si el tamaño o la separación de las letras no es exactamente el mismo. Eso sí, Scribus hace una distinción entre dos formas de incluir tus fuentes en el documento.

- **«Empotrar»** (una curiosa traducción de «embed») incluye el archivo de fuente (en el formato en que esté: TTF, OTF...) dentro de tu archivo. Nota que esta opción puede estar prohibida por el diseñador de la fuente. y quizá deberías revisar la licencia de uso, como vimos en una sección anterior.

- **«Contornear»** no incluirá las fuentes

marcadas. En su lugar, las «dibujará» como elementos de diseño vectorial. Si tienes gran cantidad de textos que usen esas fuentes concretas, esto podría afectar al tamaño final de tu archivo, pero te asegura que respetas su forma y decoración.

Extras

Esta pestaña permite introducir efectos de transiciones similares a los de Power Point u OpenOffice Impress.

Puede ser algo útil a la hora de preparar contenidos dinámicos para la web, o presentaciones de empresa, por ejemplo.

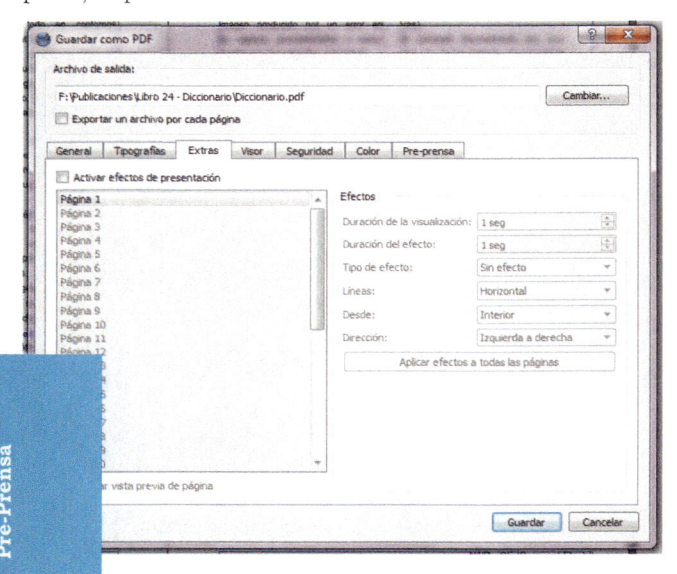

Visor

Permite definir la configuración inicial de tu lector de archivos PDF. El usuario podrá modificar su visor, pero puedes definir cuál es «tu» forma sugerida para ver el documento.

Si has incluido algún script de Javascript en tu publicación, podrás decidir que se ejecute (o no) al abrir el archivo. Esto puede ser útil a la hora de ir a una página concreta, o ejecutar un vídeo o sonido, por ejemplo.

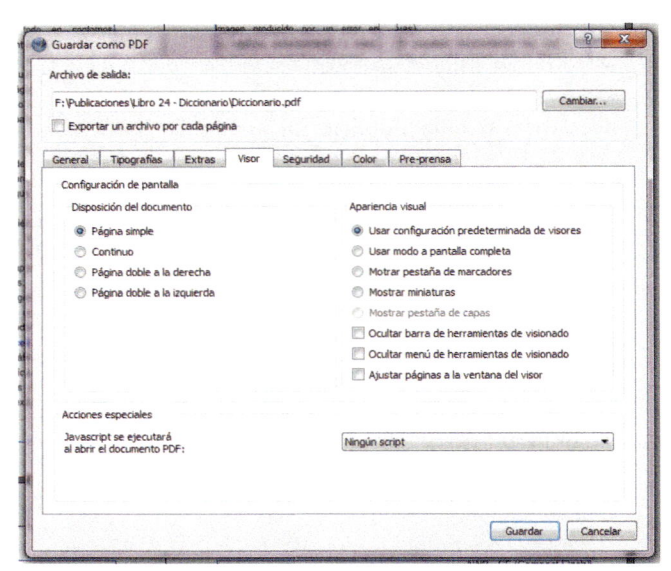

Seguridad

Podrás proteger el archivo PDF con una contraseña, ya sea para abrirlo o para evitar su impresión – o para no permitir la edición, o que se copien contenidos de tu publicación.

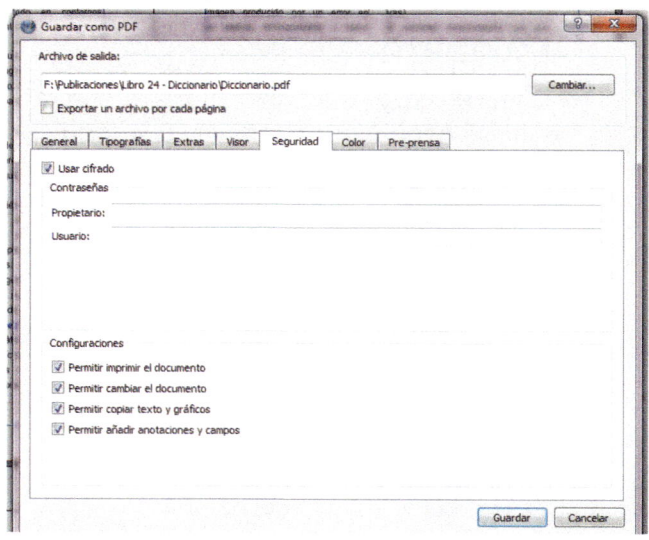

Color

Puedes definir el tipo de salida que quieres para tu archivo; por ejemplo, puedes crear un archivo en escala de grises, que impedirá que tu impresora utilice las tintas de color.

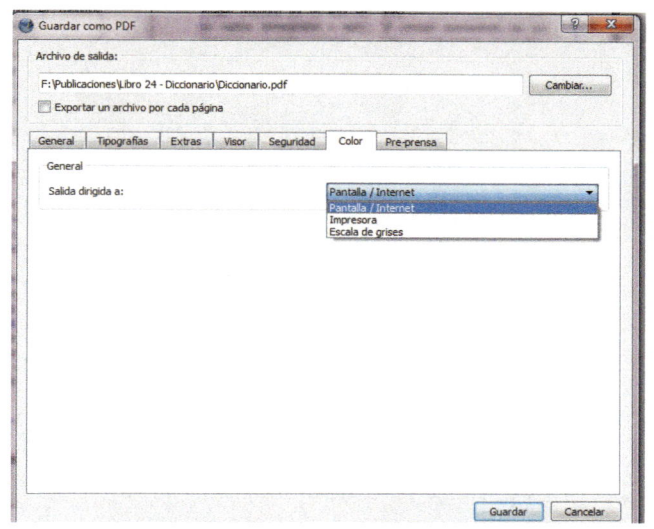

Así, podremos decidir si incluimos los registros de alineación y corte, pruebas de color o patrones, sangrías alrededor de las páginas (y su longitud)…

Una vez más: si no entiendes la función de alguna de estas opciones, no la modifiques. Probablemente, tampoco la necesites.

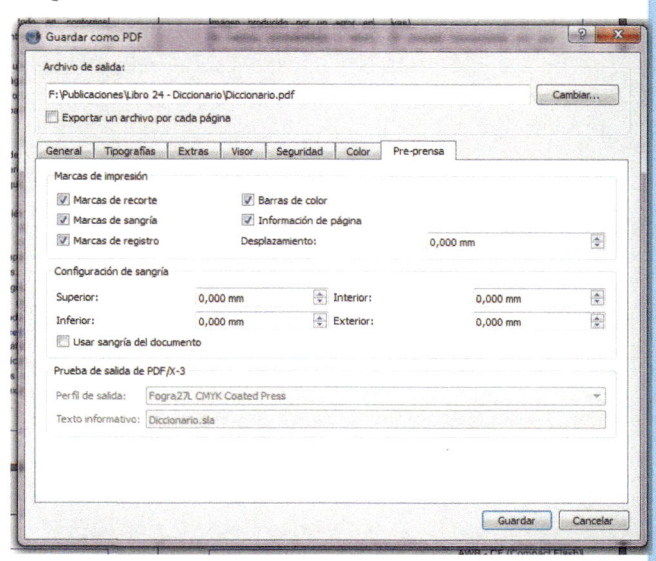

Pre-prensa

La última pestaña de la ventana auxiliar de exportación a PDF se encarga de los elementos no visibles de la publicación, que he ido nombrando a lo largo de este libro.

> Aunque hoy en día muchas de estas opciones se pueden conseguir por otro medio, deberías aplicar las restricciones de seguridad, si tus contenidos lo requieren (por ejemplo, en caso de información reservada, o temas de propiedad intelectual).
>
> En cualquier caso, este será un comentario recurrente: Si no quieres que algo se distribuya, no lo publiques, en primer lugar. Esta será una decisión personal…

Creación de una portada

Aunque Scribus no es un programa de diseño gráfico, sí que podemos hacer algunos trabajos de composición que no son extrictamente publicaciones.

Este es el caso de las portadas, las cuales podemos componer con esta aplicación. Por supuesto, tendremos las limitaciones claras de Scribus, sobre todo en el apartado del uso creativo de las tipografías, comparando con otros programas de diseño más específicos, como el omnipresente Adobe Illustrator o el gratuito InkScape.

En esta nueva sección, vamos a ver cuál sería el procedimiento para crear estas portadas, y un pequeño truco que puede resultarte muy útil, si trabajas con imprentas ajenas al ecosistema de Amazon.

Amazon Kindle Direct Publishing (KDP)

La gran mayoría de los autores independientes del mundo trabaja con KDP, ya sea de manera exclusiva o bien publicando también en otros sitios, en paralelo. La razón principal es que Amazon controla gran parte del mercado literario mundial. Nunca está de más tener los libros disponibles en esa tienda, aunque sea como una fuente secundaria de ventas e ingresos.

En cualquier caso, la mayoría de los sistemas de impresión bajo demanda (POD) imprimen la portada en una hoja independiente del resto del libro, con un grosor diferente y un tamaño suficiente como para incluir el frente, la tapa trasera y el lomo, que dependerá de la cantidad de páginas.

En el caso de Amazon, los requisitos son muy pocos y, a estas alturas, ya sabremos cumplir con ellos:

* La portada y el lomo deben incluir el título y el nombre del autor, aunque este punto se puede relajar un poco en el caso de libros de bajo contenido (agendas, libretas), que pueden no requerir este último.

* La portada debe incluir una sangría de 3.2 milímetros (un octavo de pulgada...) en los cuatro lados, para permitir pequeños errores en la encuadernación y el corte final, de manera que no se vean bandas blancas si este proceso tiene un ligero desajuste.

* Además, no podrá haber textos cerca del borde (otros 3.2 milímetros más), para evitar que puedan aparecer cortados o incompletos, en caso de ese desajuste.

* El código de barras debe estar en una posición muy concreta en la contraportada, para permitir un flujo óptimo en el proceso logístico de Amazon.

Así, la forma más efectiva de trabajar en una portada para KDP será la de crear un documento maestro, y aplicarle ciertas guías para realizar una composición adecuada.

Pero para crear este documentos necesitaremos algunos datos de nuestro libro, concretamente el número de páginas de la composición final, el tipo de tinta y papel elegidos, y el formato o tamaño utilizado para la maquetación del interior. Vamos por partes:

Tamaño del papel

Muchas empresas tienen una lista de tamaños "preferidos", ya sea porque hay un requerimiento práctico o legal desde las librerías o bibliotecas (para optimizar la ocupación de las estanterías, por ejemplo, o los envíos), o porque son tamaños tradicionales o estándar en la industria editorial.

Así, KDP proporciona, en sus páginas de ayuda (tienes el enlace al final de este libro), una lista de posibles tamaños para tu libro.

Hay limitaciones de tamaño por abajo (siendo el libro más pequeño que pueden producir de cuatro por seis pulgadas, un poco más de diez por quince centímetros), y por arriba (con el límite en 8,5 por 11 pulgadas, o bien 21,59 por 27,94 centímetros.

En este último caso, el ancho del papel viene limitado por la impresora utilizada habitualmente por las filiales de KDP en los diferentes centros de producción.

Como ejemplo práctico, voy a tomar la portada de este libro en papel, cuyo tamaño es de 8,5 por 8,5 pulgadas, o bien 21,59 x 21,59 centímetros.

En este caso, el libro tiene 150 páginas, y está impreso en papel blanco con tintas a color estándar. Si busco en la referencia de KDP, veo que cada página implica un grosor de 0,0572 milímetros, lo que produce un grueso total de 8,58 milímetros, o bien 0,858 centímetros.

Al añadir los 3,2 alrededor de la composición, el ancho de la portada será de

$$3.2 \text{ mm} + 215{,}9 \text{ mm}$$
$$+ 8{,}58 \text{ mm} + 215{,}9 \text{ mm}$$
$$+ 3{,}2 \text{ mm} =$$

$$= 446{,}78 \text{ milímetros, o bien } 44{,}678 \text{ centímetros.}$$

Para la altura del diseño, el cálculo es más sencillo, simplemente

$$3.2 \text{ mm} + 215{,}9 \text{ mm} + 3.2 \text{ mm} =$$

$$=222{,}3 \text{ milímetros, o bien } 22{,}23 \text{ centímetros.}$$

Por tanto, nuestra página única en Scribus tendrá 446,78 por 222,3 milímetros.

Importante: Al trabajar con los cálculos realizados, la sangría debe ser cero (ya la hemos considerado).

Alternativamente, podrías poner las medidas del documento sin sangría, y añadir los 3.2 mm en esta ventana auxiliar...

El uso de una u otra estrategia es una decisión personal.

Creación de un documento

El proceso de creación del archivo de portada será idéntico al de la creación de una publicación nueva, desde "Archivo - Nuevo...". En este caso, querremos hacer una única página, que contrndrá todos los elementos de la portada extendida.

En la página anterior puedes ver la ventana auxiliar para la creación de este documento, con cuidado de elegir las unidades correctas (milímetros) y de definir las medidas totales tal y como las hemos calculado.

Si todo es correcto, deberías ver un documento en blanco, como el que tienes en las páginas siguientes. Ahora, vamos a trazar nuestras guías, para ajustar el diseño de manera eficiente.

Las guías se colocan con un procedimiento idéntico al de muchos programas de diseño: Simplemente, arrastrando el ratón pulsado desde una de las reglas (izquierda o superior) hacia nuestra composición.

Cuando estemos sobre esta, Scribus nos mostrará el valor numérico de las coordenadas de la guía, incluso con tres decimales.

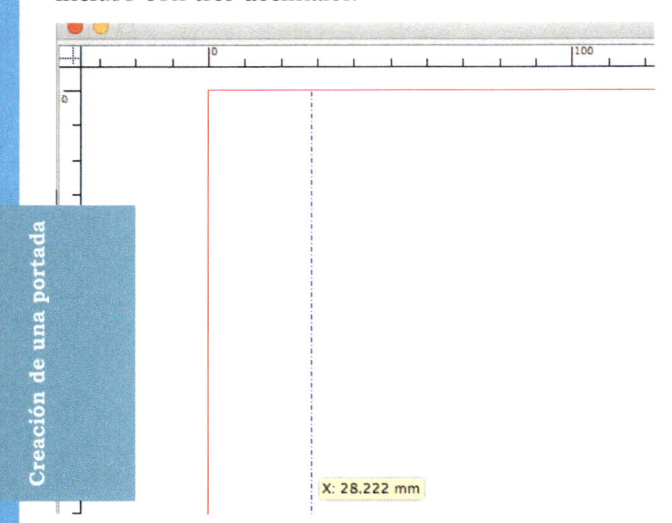

Sin embargo, vamos a colocar "muchas" guías, y puede ser un proceso pesado y estresante... En lugar de eso, Scribus incluye un gestor de guías, en el que podremos introducir sus coordenadas de manera numérica.

Para abrir este gestor, solo tenemos que elegir el menú "Página - Administrar guías". Scribus te mostrará una nueva ventana de diálogo, en la que podrás añadir tantas guías como necesites. Vamos a ver cuáles serían clave para nosotros.

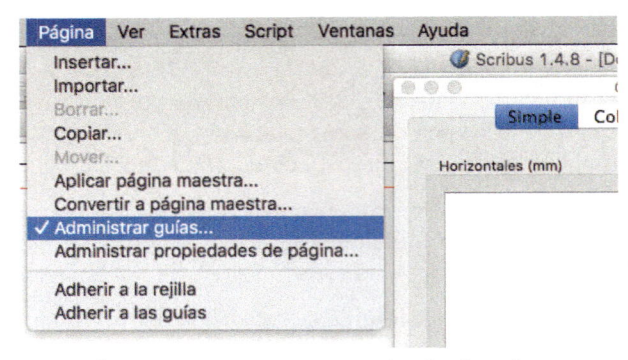

Guías de sangría, que marcarían los límites de corte de la imprenta. Desde la esquina superior izquierda, estarían a 3,2 milímetros, tanto la vertical como la horizontal:

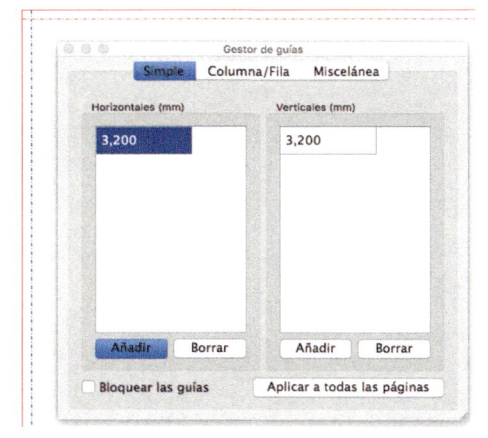

Con una calculadora, podremos obtener el valor de la guías en el otro extremo, partiendo de las dimensiones totales del documento:

Guía vertical: 446,78 - 3,2 = 443,46 milímetros

Guía horizontal: 222,3 - 3,2 = 219,9 milímetros

Poco a poco, verás como tu documento se va llenando de guías. Para limitar la colocación de contenidos (sobre todo, con textos), repetimos el mismo proceso, ahora con 6,4 milímetros de distancia respectijo al borde del diseño en los cuatro lados.

Creación de una portada

98

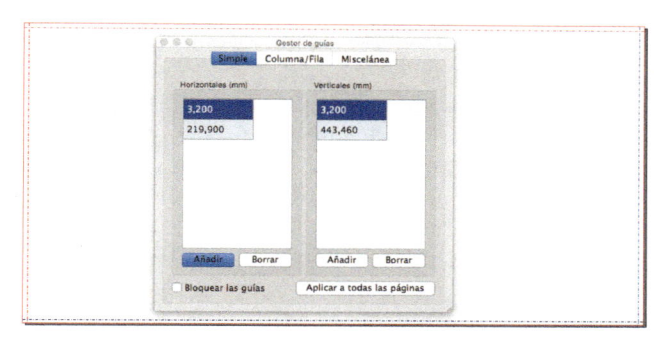

En el caso de Amazon, además, añadiremos una tercera línea en el lado inferior (ahora, a 9,6 milímetros del pliegue del lomo) como límite inferior para la colocación del código de barras correspondiente al número ISBN.

Lomo del diseño…

Los cálculos para el lomo son algo más complejos, ya que dependen del grueso de este.

El pliegue de la contraportada será nuestra línea de referencia, ya que se sitúa a

$$3,2 + 215,9 = 219,1 \text{ milímetros}$$

del borde izquierdo de la portada. El pliegue de la portada será algo más complicado, y se sitúa en el punto

$$3,2 + 215,9 + 8,58 = 227,68 \text{ milímetros}$$

Podríamos seguir añadiendo más valores, incluyendo los centros (vertical y horizontal) de cada portada, el eje del lomo, e incluso unos márgenes en este (ahora, a 1,6 mm del pliegue).

El código ISBN vuelve a tener una restricción en KDP, y debe estar a 3,2 mm del pliegue de la contraportada, y por tanto, a

$$3,2 + 215,9 - 3,2 = 215,9 \text{ milímetros}$$

Al final, puedes llegar a tener una vista tan compleja o más que la que puedes ver aquí abajo. En este caso, no he incluido guías para el centro de la contraportada.

Normalmente, las empresas de impresión bajo demanda te proporcionarán plantillas sencillas para que prepares tu diseño. Todo esto puede no ser necesario, es más un reto personal…

Si el cálculo de todos estos valores se te hace complejo, puedes encontrar una calculadora en formato Excel en mi página web, desde
https://libros.agbdesign.es/descargas

Imágenes para la portada

Las portadas de los libros son su tarjeta de presentación. Por eso debes cuidar el diseño. Pero, además, las imprentas utilizan un proceso más complejo que el de la impresión del interior, utilizando, habitualmente, cuatricromía (impresión a color) y diferentes acabados superficiales, tanto en brillo como en mate.

Y, para que el acabado sea perfecto, tus imágenes deben ser también lo mejores posible. Aparte de que la composición y la selección de colores coincida con lo que estás buscando, habrá un tema muyimportante, que ya vimos en la sección de inserción de imágenes en el interior: La resolución de las imágenes.

Habitualmente se trabaja con trescientos puntos por pulgada (ppp), y es la resolución mínima que deberás buscar para tus imágenes. Aunque Scribus, como vimos, pueda exportar una imagen pobre a esa resolución, el resultado no será el ideal.

Y aquí es donde podemos tener un primer problema: Una portada grande necesitará una imagen grande, si la vas a colocar ocupando todo el frente (o, incluso, toda la composición).

En el caso de nuestro ejemplo, a las 8,5 pulgadas (21,59 centímetros) de ancho y alto le hemos añadido la sangría (3,2 mm, o bien 0,125 pulgadas) arriba, abajo y en el exterior. Así, necesitaríamos una imagen de 8,625 x 8,75 pulgadas, o bien 219,075 por 222,25 milímetros.

El motivo de utilizar las pulgadas es que podemos usar ese valor y multiplicarlo por 300 directamente, para obtener

8,625 x 300 = 2587,5 píxeles de ancho (redondearemos a 2588)

8,75 x 300 = 2625 píxeles de alto

Ese será el tamaño de referencia de la imagen de portada, si la ocupará completamente. Las cámaras digitales modernas son capaces de generar imágenes así de grandes. También podrás producir gráficos de esas dimensiones con programas de diseño o de tratamiento de fotos.

En mi caso, la imagen de portada que utilicé en la primera edición de este librose quedaba un pooc pequeña: medía 2560 por 1920 píxeles. Sin embargo, no se alejaba demasiado de lo que estaba buscando, así que decidí hacer lo mismo que ya hice en aquella ocasión: Añadir un fondo de un tono similar, que "completase" la portada y me permitiese añadir los textos.

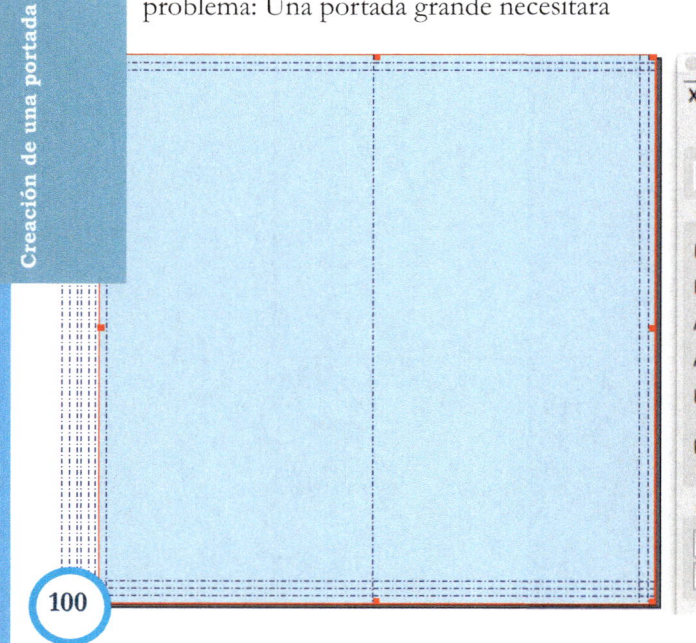

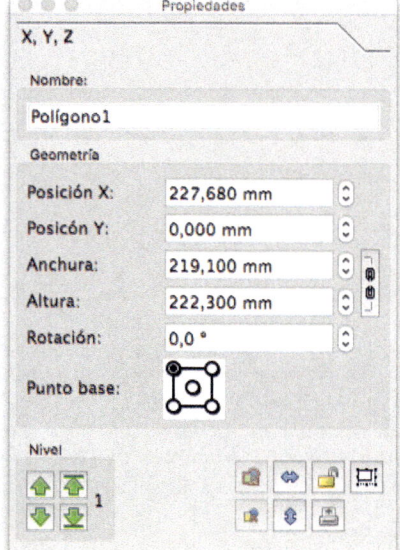

Creé una forma vacía, a la que aplicaría un relleno azul y un borde sin color. Desde la entrada numérica de

la ventana auxiliar de Scribus, le asignaría las medidas exactas que necesitaba.

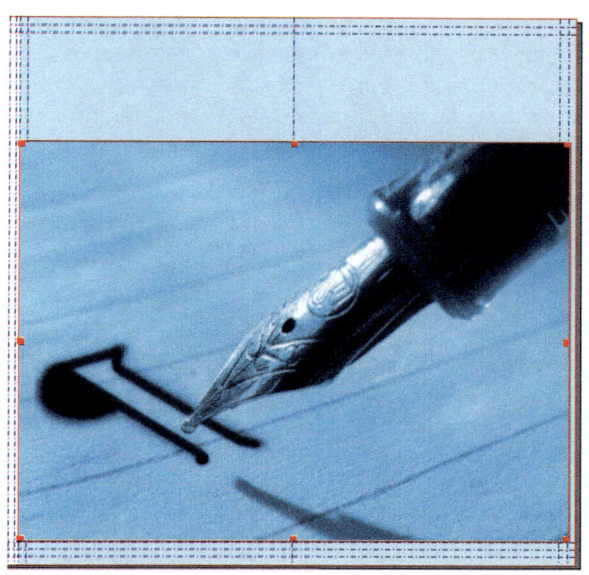

Nota como he utilizado también la posición del pliegue de la portada (227,68 mm) para colocar la forma en el diseño.

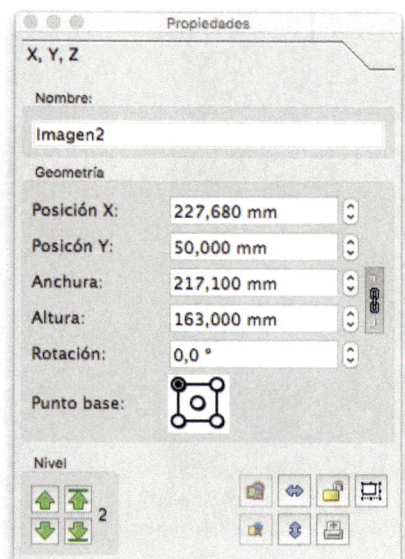

El siguiente paso será el de importar la imagen de mi portada, siguiendo el proceso habitual de pulsar la tecla "I" y crear un parco genérico, para después seleccionar el archivo desde su ubicación en mi ordenador.

De nuevo, ajusto mi imagen al valor del pliegue de la portada delantera y, de manera preliminar, la fijo a 50 mm del borde superior.

Ahora puedo buscar un color que se ajuste más al diseño de la fotografía original. Para ello, abro la Rueda de Color desde el menú "Extras - Rueda de Color", y busco un tono de referencia que sea similar al de mi imagen, tal y como puedes ver en la captura inferior.

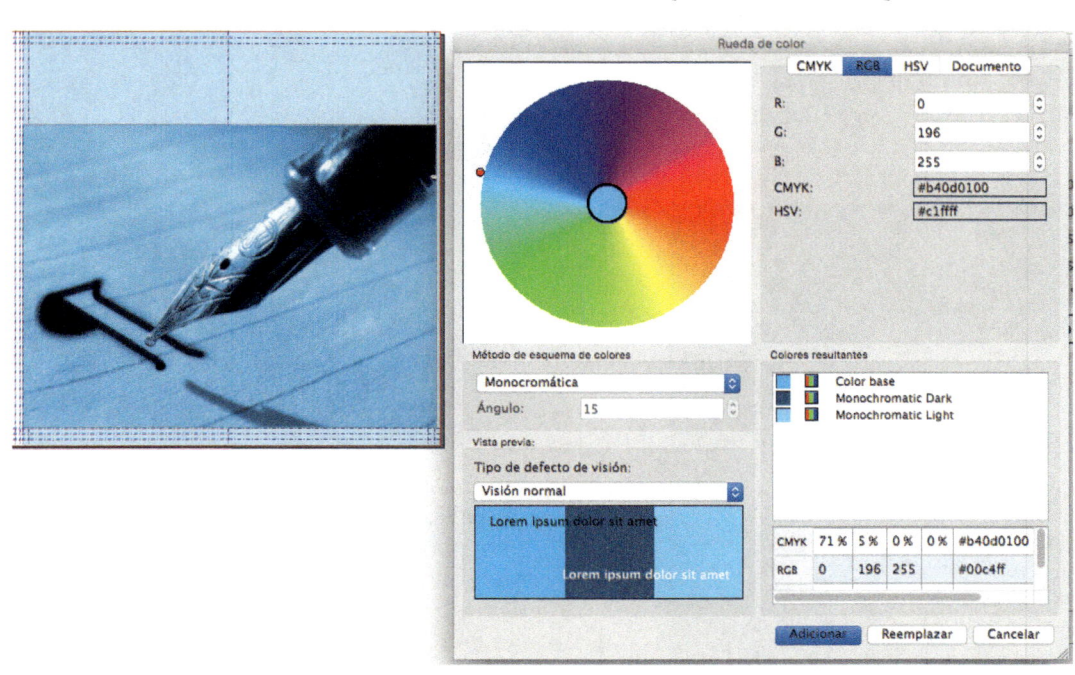

Ya que los tengo disponibles, hago una prueba con los colores propuestos por la rueda de color. No es un diseño definitivo: Recuerda que podemos cambiarlo en cualquier momento. Pero es una forma de ver si nuestra idea "resulta", o si tenemos que buscar otra composición.

Ahora, añado el logotipo que utilizo en mis diseños. Es un archivo en formato PNG con transparencia, por lo que este montaje no presenta ninguna complicación.

Recuerda que puedes ver el resultado preliminar haciendo clic en el icono del ojo disponible en la esquina inferior derecha de la ventana principal de Scribus. Eso eliminará la indicación de los marcos de los distintos elementos y las guías, mostrando un resultado más limpio:

Podemos jugar con la posición de los textos (quizá, un poco más a la derecha), y probar diferentes tipos de letra. Un dato muy importante es que el título debería ser legible en la miniatura de la tienda online (en nuestro caso, la de Amazon).

Selecionando la opción "Monocromático" desde el menú desplegable, veo que Scribus me propone tres colores de referencia: El que he elegido, uno más claro y otro más oscuro.

Hago clic en aceptar, y ahora esos colores estarán disponibles en la pestaña "Colores" de la ventana auxiliar de Propiedades.

Aplico el color base a la forma cuadrada que había creado como fondo.

Puedes ver el resultado en la página siguiente. Ahora, ya puedo incluir una primea versión delos textos de esta portada (título y nombre del autor).

En ese sentido, el contraste buscado con los colores obtenidos desde la rueda de color parece correcto, pero quizá podría hacer las letras un poco más grandes. En este caso, correría el riesgo de quedar demasiado cerca del borde superior, y puede ser un resultado visualmente poco agradable.

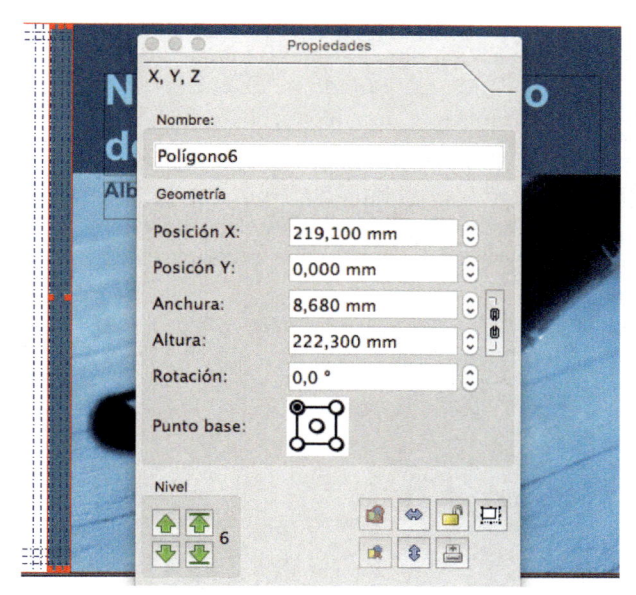

Por eso, decido cambiar la imagen de dos maneras: Primero, la bajo hasta unos 60 mm del borde superior (¡es una prueba!). Después, recortaré su tamaño visible hasta que quede dentro de los límites del diseño.

Esto me ha permitido aumentar el tamaño de las letras bastante, pasando de 36 a 48 puntos en la primera línea, y usando 64 puntos en la palabra Scribus. No he cambiado el tamaño del nombre, pero sí lo he desplazado para que quede a una distancia similar del borde de la fotografía.

Ahora, el logotipo queda más adentro en la fotografía. Quizá sea un poco menos visible, pero no me desagrada el resultado.

Una vez contento con esta composición, paso a diseñar los otros elementos de la portada.

Para el lomo, creo otro rectángulo, en este caso de 8,68 milímetros de ancho y 222,3 milímetros de alto, y lo coloco con el valor de referencia que teníamos para el pliegue de la contraportada, 219,1 milímetros.

Utilizo el color base del trío definido desde la rueda, pero aplicándole un poco de transparencia (con el ajuste de Opacidad al 80%), para conseguir una ligera separación en el color, respecto al del frente.

Los textos del lomo también los hago como dos marcos de texto independientes, y utilizo un giro de 90º para que estén perfectamente verticales (¡no los gires con el ratón, usa la entrada numérica!).

Un problema...

KDP es estricto en la definición de los elemenos del lomo, para evitar, una vez más, que algún elemento salga mal en el proceso de encuadernación, si la tapa se dobla en un punto incorrecto.

A pesar de que definen unos márgenes muy estrechos (en este caso, de un dieciseisavo de pulgada, o 1.6 mm), el espacio disponible para los textos puede ser muy limitado, también.

Y el problema es que el sistema de comprobación automático de Amazon comprueba el marco de texto, y no el texto en sí mismo.

Pero las fuentes suelen incluir un espacio encima y / o debajo de las letras, para permitir que todas se muestren dentro del marco de texto. Hay espacio para los palos altos, como los de la letra "b" o "d", y para los palos bajos, como en el caso de la "p" o la "q".

De hecho, ese margen a ambos lados del lomo es el que, en muchas ocasiones, impide añadir textos, si el libro tiene unas cien páginas, o menos.

En mi caso, con casi 150 páginas (un lomo estrecho, pero que todavía permite insertar textos), esta situación limita el tamaño máximo de letra que puedo elegir hasta aproximadamente doce puntos.

En la página siguiente puedes ver una captura ampliada de la situación. Ni el título ni mi nombre incluyen letras con trazos descendentes, de manera que se puede observar cómo el texto queda descentrado y pequeño, debido a un espacio sin utilizar debajo (a la derecha, en el lomo) de las letras.

... y una solución

Pero tenemos una posible solución, derivada del propio concepto de las fuentes escalables: Convertirlas a trazos vectoriales, eliminando la información de texto. Para hacerlo, selecciono los textos (¡comprueba que son correctos!) con el botón de la derecha, y elijo el comando "Convertir a -> Contornos".

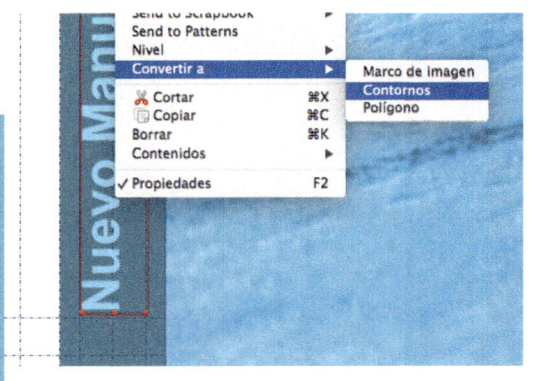

Al hacer esto, los textos se transforman en curvas y rectas, y Scribus define su contorno según el contenido, olvidándose de líneas de base y cajas de letra. El contorno del objeto final (que ya no es un elemento de texto) es más estrecho, y ahora podemos escalar el objeto hasta llenar el espacio entre márgenes, haciéndolo más visible.

En mi caso, podré llegar a una anchura de

8,68 - 1,6 - 1,6 = 5,48 milímetros

Puedo usar ese valor (o uno más pequeño: tomaré 5.25 milímetros) en la ventana de Propiedades, asegurándome de que las proporciones se mantienen.

En mi diseño, el margen izquierdo del lomo estaba en la posición 220,7 mm, así que he tomado una décima de milímetro más para asegurarme de que el objeto está dentro de estos márgenes.

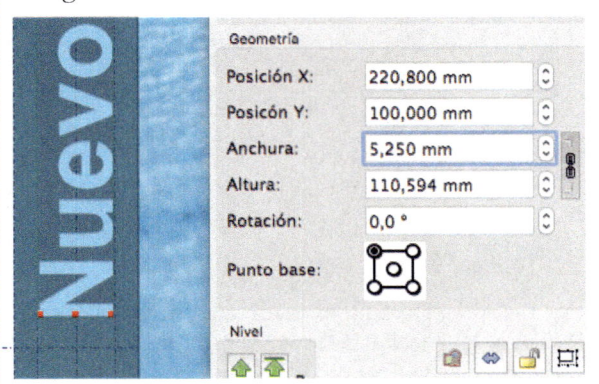

Nota cómo el icono de la cadena está entero en la ventana de Propiedades, de manera que Scribus ha escalado el título proporcionalmente de forma automática, para no producir una deformación.

Repito la misma acción con el nombre del autor, y distribuyo los dos objetos para que el lomo sea agradable visualmente. Fíjate en que también añado el logotipo en la parte superior del lomo.

Así, hemos maximizado el uso del espacio disponible en el lomo, haciendo los textos más visibles. Por supuesto, debes tener en cuenta que se perderán 3.2 milímetros arriba y abajo, así que no debes colocar los elementos demasiado cerca de estos límites.

Contraportada

El diseño de la tapa trasera de un libro es nuestra segunda oportunidad para atraer a los lectores. En ese sentido, incluir únicamente una sinopsis puede significar la pérdida de una buena oportunidad...

En el caso de KDP / Amazon, la contraportada de un libro en papel se muestra en la tienda. Si puedes, deberías considerar qué más elementos incluir en tu portada. Aquí tienes una lista de ejemplos, pero puedes encontrar muchos más:

- Una sinopsis, puede ser diferente de la que introduzcas en texto en el registro del libro en la tienda

- Una miniatura de la portada, para que el potencial comprador siempre tenga en mente de qué libro estás hablando.

- Una breve biografía del autor, opcionalmente con foto

- Publicidad de otros libros similares, o de una misma serie

- Comentarios o críticas de fuentes reconocidas

- Logotipos de la editorial, colaboradores, patrocinadores...

Según la cantidad de contenidos, puedes decidir utilizar imágenes o fotografías de decoración, o en el fondo. Sin embargo, debes tener cuidado de que los textos sean legibles, y no se vean perjudicados por una mala elecccción de esas imágenes.

¡Truco! Si los objetos no te dejan ver las guías (como en este caso), baja su opacidad hasta que sean visibles.

Más adelante, podrás recuperar su opacidad hasta el estado de partida...

En mi caso, quiseo colocar muchos elementos, siguiendo el diseño de otro libro práctico anterior, mi **"Blanco y Negro con GIMP"**. Por eso, opté por incluir un fondo neutro, del mismo color elegido para el recuadro principal de la portada frontal.

Como ya hemos visto a lo largo de esta sección, esto supone crear un objeto rectangular, con dimensiones

219,1 x 222,3 milímetros

La posición, referida a las coordenadas de la página, será la (0, 0). Puedes ver el resultado preliminar en la siguiente página. Nota que, al utilizar medidas exactas, no hay distancia entre este rectángulo y el definido para el lomo, y, por tanto, no veremos una línea blanca en el libro final.

Colocación del ISBN

Uno de los requerimientos más estrictos de Amazon para la publicación independiente es el de la colocación del código de barras correspondiente al número ISBN.

Concretamente, la recomendación es la de dejar un recuadro blanco, de 2 x 1.2 pulgadas (o bien, 5,08 x 3,05 centímetros) en la esquina inferior derecha de la contraportada. Fácilmente, crearemos un rectángulo con esas características, sin línea en el borde.

Después, utilizaremos la ventana de Propiedades para ajustar la esquina inferior derecha del rectángulo a las guías que definimos para este recuadro. En la captura de la página anterior, nota que he seleccionado esa esquina, dentro de la ventana auxiliar.

Después de colocar el recuadro del ISBN, recupero la opacidad del cuadrado de fondo.

Más elementos

Como ya he comentado, uno de los detalles que me gusta añadir en mis contraportadas es la miniatura de la portada frontal. Eso lo puedo realizar con cualquier programa de edición de imagen, haciendo una captura de la pantalla de Scribus.

No necesitamos mucha resolución, pero intenta ocultar los marcos haciendo clic en el icono del ojo, abajo a la derecha, y aumenta la vista hasta que la portada frontal ocupe el máximo de espacio posible en la captura.

Podrás utilizar esta captura más adelante, por ejemplo, como portada para el ebook.

En este caso, añadí un borde blanco en el programa de edición (yo uso GIMP), para separar la portada del fondo.

Poco a poco, voy añadiendo otros elementos gráficos. Incluyo también la portada de otro libro práctico, como forma ideal de publicidad.

También añado una "escala" sobre la dificultad de este libro, que considero un manual para iniciarse en Scribus, quizá con algún consejo de nivel más avanzado.

Una vez más, la cantidad de elementos a incluir en tu portada puede ser diferente de la que utilizo yo. Un libro de ficción puede no neceistar todos "mis" elementos, pero quizá sí que quieras incluir una pequeña biografía.

Mi recomendación es que los contenidos que incluyas en tu contraportada sean únicos, y creados especialmente para ella. Tómate tu tiempo.

Aquí abajo puedes ver el resultado final, que es el utilizado en el libro que tiens en tus manos...

Otras editoriales

El proceso a seguir con otras editoriales o imprentas es similar. Por un lado, podría haber algún cambio en la distribución de los elementos si, por ejemplo, la portada incluye solapas. En ese caso, tienes dos espacios añadidos en los extremos izquierdo y derecho de tu diseño, para incluir contenidos, que se suelen utilizar para incluir (ahora sí) la biografía del autor y referencias a otros libros del mismo.

En el caso de la producción de libros con tapa dura, el formato de la portada cambia ligeramente, para incluir dos franjas "prohibidas" cerca del lomo, que incluirán el pliegue de la cubierta. Para nosotros, eso significará, simplemente, una guía más, y unas proporciones globales distintas.

Finalmente, hay algunos editores o impresores que siguen solicitando archivos en formato PDF X-1a. Este formato obliga a que las imágenes se transformen al espacio de color CMYK, que es el que se usa en las imprentas.

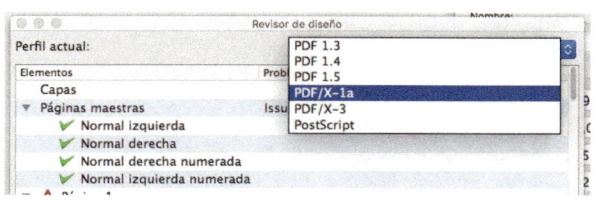

Solo verás la opción de exportar como PDF/X-1a si activas la gestión de color en tus preferencias...

Como vimo sen la sección dedicada a la exportación a PDF, esto es factible con Scribus, siempre que activemos la gestión del color, permitiendo, precisamente, que Scribus haga esta transformación.

El tener esta opción disponible es lo que nos permite trabajar con imágenes en formatos más habituales (JPG, PNG...), que están definidas en el espacio de color RGB.

Una posible ventaja de trabajar fuera de Amazon es, por ejemplo, la de poder colocar el código de barras en un sitio diferente, lo que nos permite diseñar una portada con mayor flexibilidad.

En cualquier caso, mi recomendación final sería la de intentar producir diseños que sean compatibles para todas las editoriales que tengamos en mente, si eso es posible Aunque, en el peor de los casos, solo tendremos que hacer ajustes mínimos, y ya sabemos cómo hacerlos...

Opciones...

En esta sección has visto cómo hemos creado una composición relativamente compleja con un objetivo muy concreto: La preparación de una portada.

Pues bien, Scribus puede serte útil, también, para la creación de otros tipos de publicaciones, aparte de los libros: Pósteres, folletos, trípticos... Solo debes ser capaz de definir el tamaño del diseño, y tener una idea clara de lo que quieres incluir en este.

También es importante entender cómo se va a "consumir" la publicación. En el caso de esta portada, además de ser la tarjeta de presentación de nuetros libro debe permitir reconocerla en la tienda online, que la mostrará como una miniatura en la mayor parte de los casos.

Aquí, lo que nos interesará será que el título sea legible, siendo el nombre del autor (salvo que se trate de alguien famoso...) un aspecto secundario:

Resumen práctico

Ya estamos casi en el final de este libro. Hasta aquí hemos visto la mayoría de los conceptos teóricos que necesitarás a la hora de crear una publicación.

Ahora, voy a hacer un pequeño resumen con todos los pasos necesarios. Dependerá de ti (y de la publicación que tengas en mente) el que necesites utilizarlos todos o no…

Preparación

Los pasos a seguir, antes de comenzar con la composición son los siguientes:

- Recopilación de material: textos, imágenes, gráficos, decoración especial (por ejemplo, marcos). Por supuesto, puedes crear o recibir nuevos materiales durante la preparación de tu publicación. Solo te recomiendo que vayas guardando esa información nueva en los mismos directorios que la original.

- Creación de un nuevo documento. No es necesario que especifiques el número de páginas final, ya que podrás añadir o eliminar páginas según las vayas necesitando. Comienza con un número "manejable", por ejemplo, diez.

- Definición de las páginas maestras. Recuerda que es recomendable hacer una primera distribución a mano, sobre papel, o incluso imprimir un par de variaciones de tu idea, para ver cuál de ellas se ve mejor en la realidad.

- Selección del conjunto de colores a utilizar, si quieres alguno en especial que sea diferente de los disponibles por defecto en Scribus.

Desde la rueda de color pueds incluir

Puedes utilizar esta sección como lista de comprobación para no olvidar nada en tu trabajo, o bien crear tu propia lista a partir de la información que te presento, eliminando la que no sea útil para ti…

también colores concretos del sistema RGB o del CMYK, si debes trabajar con colores corporativos o específicos.

- Definición del conjunto de estilos a utilizar: carácter, párrafo y línea

Composición

Una vez tienes todos los elementos disponibles, el trabajo principal será el de colocarlos sistemáticamente sobre las páginas predefinidas; un ejemplo de flujo de trabajo sería el siguiente:

- Primera asignación de estilos de página, desde las páginas maestras

- Colocación de la decoración, si esta tiene un peso importante en tu publicación: enmarcados, cabeceras, páginas especiales (publicidad, inicio de capítulos…)

- Colocación de los marcos de texto principales (si tu libro es sobre todo de texto)

- Inserción del texto o los textos principales

- Inserción de otros textos: cabeceras, pies de página, notas, índices

- Asignación de estilos de carácter y párrafo,

ajuste de los marcos de texto si tienes algún caso de desbordamiento.

• Colocación de marcos de imagen

• Inserción de imágenes y ajustes, revisión de distancias entre elementos para evitar solapes

• Colocación de decoración secundaria: marcos para las imágenes o el texto, iconos en los márgenes…

• Nueva revisión de los marcos de texto: al insertar imágenes y decoración; el texto ve limitado su espacio, y habitualmente necesitará más páginas, si vuelves a tener un desbordamiento. Los contenidos se moverán a lo largo de tu publicación.

• Revisión de los estilos de página: Si partes importantes de tus textos se han movido entre páginas, quizá quieras cambiar el estilo concreto de alguna de estas.

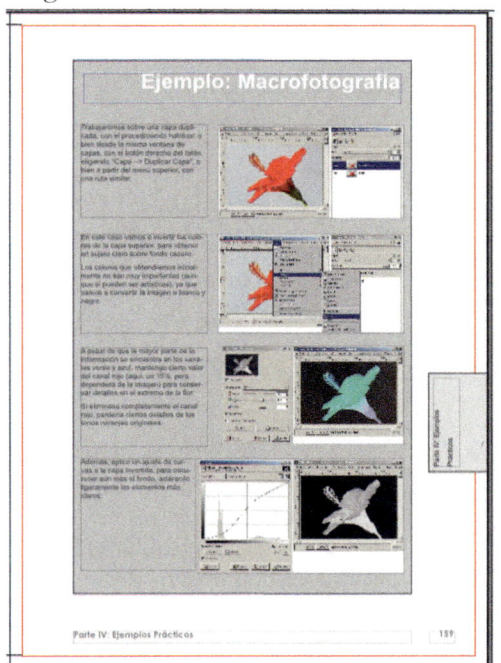

Ejemplo de composición compleja, compuesta por varios textos independientes, imágenes, elementos fuera del margen… Fuente: «Blanco y Negro con The GIMP» – ©2012 Alberto García Briz

• Asignación de atributos a los elementos clave de tu publicación.

• Creación del índice y las tablas de contenidos a partir de esos atributos, si las necesitas.

Revisión y Publicación

Cuando hayas acabado con la composición de tu documento, deberás guardarlo en el formato apropiado para su impresión. Si vas a trabajar e imprimir desde casa, el archivo con formato SLA puede ser suficiente.

Sin embargo, puedes preferir no trabajar con el documento original de Scribus, para evitar posibles ediciones indeseadas. Lo más habitual es guardar versiones en PDF, tanto como referencia propia (puedes elegir una resolución de exportación menor) como para impresión.

Si solo vas a leer los documentos en pantalla (por ejemplo, desde una web), puedes configurar resoluciones de imagen bajas. Para impresión en papel, deberán ser elevadas.

El proceso sería el siguiente:

• Iniciar la verificación «pre-vuelo», para detectar si hay elementos fuera del rango imprimible, textos con desbordamiento o imágenes con resoluciones incorrectas. Esta verificación también puede detectar marcos vacíos, sin usar.

• Corregir los errores detectados y repetir la verificación hasta que no haya errores críticos.

• Exportar a PDF, seleccionando las opciones deseadas: resolución de las imágenes en el documento de salida, creación (o no) de miniaturas, adición de elementos no visibles para imprenta…

¿Y después?

Lo primero, haz una copia de respaldo de todo tu material. No está de más el que hagas incluso dos copias, por ejemplo, una en CD / DVD / memoria USB y otra en un disco duro externo, quizá incluso en un servidor "en la nube". Guarda la maqueta en SLA, los textos, imágenes… todo el material. Nunca sabes cuándo lo vas a necesitar o reutilizar de nuevo…

Si tu idea es la de vender tus publicaciones, habitualmente las enviarás en formato electrónico a tu cliente (te pueden pedir una copia del archivo SLA y los materiales por separado), ya sea en línea o en soporte físico. Aplicarían las mismas consideraciones que en tu copia de respaldo.

Si quieres vender tus publicaciones (por ejemplo, a través de webs como Amazon), deberás seguir el proceso de registro y envío de los documentos, y comenzar una labor de promoción y marketing de tus publicaciones… Si no lo tienes claro, te recomiendo mi libro «Publicación Online – hazlo tú mismo» (tienes la referencia al final de este libro).

Un par de ejemplos

Aquí pueds ver un par de ejemplos por mi parte, para que veas algunas opciones interesantes de Scribus. Algunas de ellas no serán relevantes para ti, y quizá podrás adaptar otras a tu publicación.

Ejemplo 1: Este libro

Si te fijas en este libro que tienes en tus manos, verás que tomé algunas decisiones de diseño muy concretas, que pueden ser acertadas o no. Esta libertad en el diseño es una de las ventajas de la edición independiente, pero también puede ser un inconveniente, si no diseñas algo que tu público vaya a entender.

1. El formato cuadrado puede no ser la mejor opción para leer este tipo de publicaciones. Por ese motivo, opté por utilizar un margen interior muy ancho (35 milímetros), dejando una parte de la superficie útil sin utilizar.

2. Este mismo formato ancho me permitió trabajar en dos columnas, utilizando un tamaño de texto menor para optimizar la cantidad de información presentada. Así pude usar un tamaño de letra menor (diez puntos).

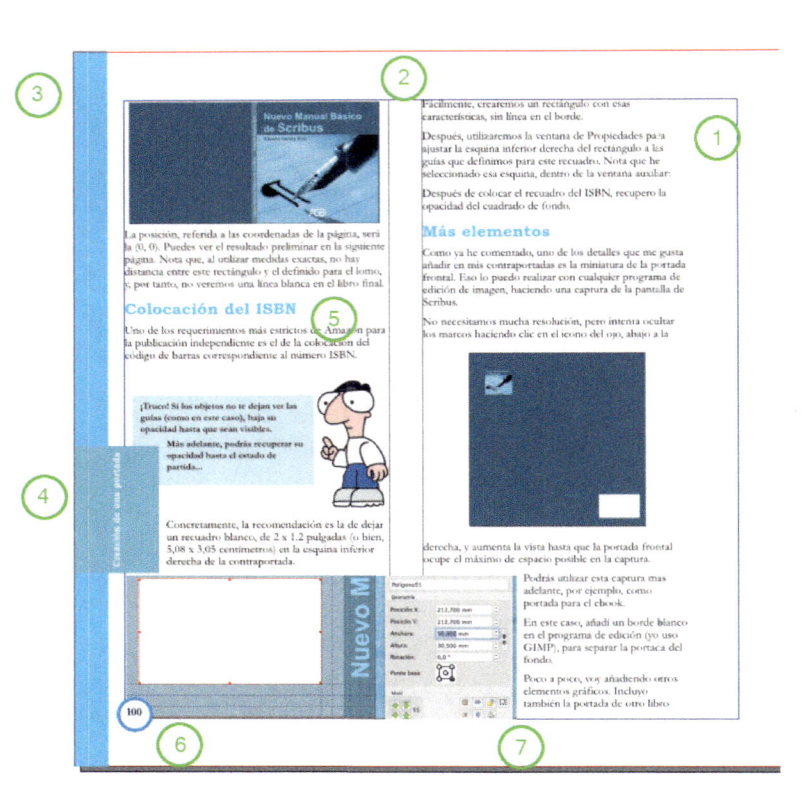

3. Los elementos decorativos, visibles incluso con el libro cerrado, se extendieron más allá del límite final del papel, al tomar los 3.2 milímetros de sangría requeridos por KDP / Amazon.

4. La combinación de colores en los elementos decorativos debe considerarse con mucho cuidado. Aquí, el marcador lateral tiene casi el mismo color que la cinta, y no es muy visible. Lo lógico sería cambiar la combinación de colores, o bien hacer una prueba de imprenta para confirmar esta separación.

5. La paleta de colores no solo afecta a los elementos de decoración. En libros con fuerte contenido gráfico, como este, podemos "jugar" con los colores del texto, proporcionando ese "algo más" a nuestros lectores. Además, dado que ya se imprime en color, ¿por qué no aprovecharlo?

6. En ocasiones, tendremos que recurrir a algunos trucos útiles. En la página de ejemplo, la imagen se solapaba sobre el número de página. Podía haber optado por desplazar aquella, pero en su lugar decidí duplicar el diseño del número de página (copiándolo de la página maestra) y pegarlo encima de la imagen. En realidad, esta página incluye dos veces el número: Una desde la plantilla, y otra pegada manualmente.

7. En mi caso, y dado que quería presentar mucha información gráfica junto con los textos explicativos, me limité a poner unas distancias mínimas de alrededor de dos milímetros entre las imágenes y los textos. Quizá esta distancia te parezca muy pequeña, y tú hubieses optado por un valor mayor. De nuevo, es una decisión personal...

¿Qué te parecen mis decisiones de diseño? Me encantará leer tu opinión en mis redes sociales.

Ejemplo 2: Libro clásico

Hay muchas publicaciones "formales" que siguen ciertas reglas editoriales, las cuales no han cambiado a lo largo de décadas. Podríamos discutir si todavía son válidas o no, pero hay un cierto público que busca este tipo de publicaciones. Vamos a ver algunas características:

1. Muchos libros formales o técnicos incluyen encabezados, para ayudar en búsquedas de información. Normalmente, hay dos campos de información que se repiten en este tipo de libros: Por un lado, el título del libro y, quizá, el nombre del autor.

Esta información suele colocarse en el lado izquierdo que, psicológicamente (para los lectores occidentales...) tiene algo menos de peso.

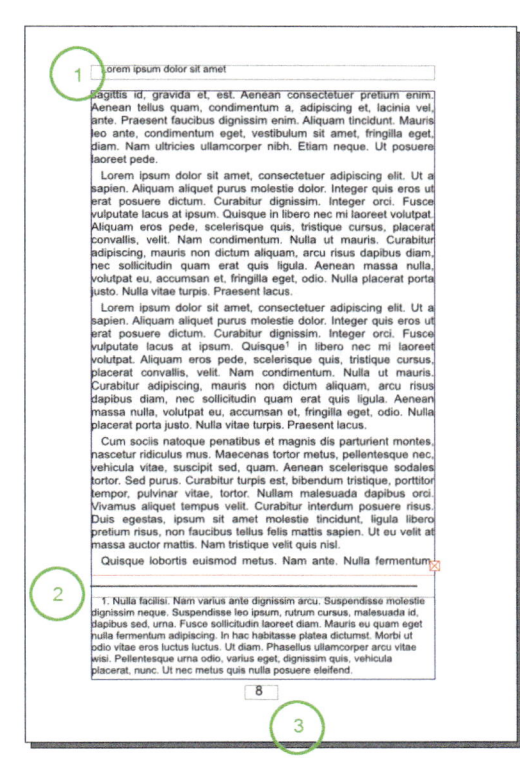

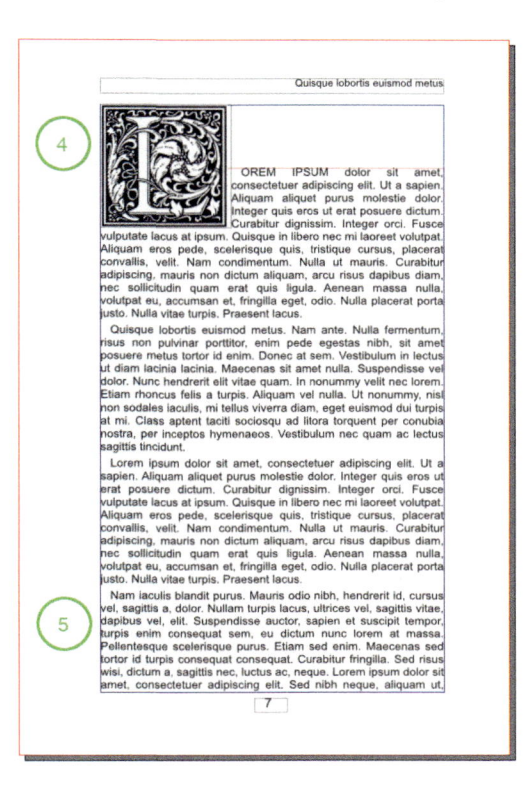

Entonces, en el lado derecho se incluye el título del capítulo o sección, para facilitar esa búsqueda rápida.

Date cuenta de que estos campos no son necesarios, pero pueden ser útiles (al igual que los inicios de palabra incluidos en los diccionarios, por ejemplo). Dado que muchas veces se utilizan con el libro medio cerrado, se prefiere que estén colocados en el exterior, o bien alineados hacia ese lado exterior. En el ejemplo mostrado, el encabezado de la página derecha está alineado a ese mismo lado.

2. Las notas al pie suelen incluirse con una separación visual, que habitualmente es solo una simple línea. Esta separación no debería distraer la atención del lector, por lo que muchos editores la limitan a la mitad del ancho del texto principal, o incluso menos.

Desafortunadamente, Scribus no incluye un gestor de notas al pie, y deberás insertarlas y gestionarlas tú manualmente.

De nuevo, para evitar distracciones del lector, estas notas al pie se colocan con un tamaño de letra menor, quizá uno o dos puntos menos que el cuerpo principal del texto.

3. La tendencia moderna es a incluir el número de página en el lado exterior de los libros, de nuevo, para facilitar la búsqueda de una página concreta.

Sin embargo, encontrarás algunos libros (más antiguons, normalmente) cuya numeración se coloca centrada en la página, con un proceso heredado de las antiguas composiciones manuales con tipos móviles. Puedes usar este recurso en tus libros de "solo texto", si la numeración no tiene un papel importante.

4. Aunque Scribus puede crear una letra capitular (con un ajuste dedicado desde la ventana auxiliar de Propiedades (F2)), puedes querer añadir una nota diferente a tu libro. En ese caso, la recomendación es la de insertar estas letras capitulares como imágenes.

Y lo mismo sucederá si quieres utilizar algún tipo de imagen para la separación de capítulos, en lugar de un espacio doble o, por ejemplo, tres asteriscos.

Como siempre, deberás asegurarte de que tienes los derechos para utilizar este tipo de imágenes o diagramas. En el ejemplo de la página anterior, la "L" se ha tomado de freesvg.org (nombre del archivo: "William Morris letter L").

5. La decisión de añadir sangría o no en la primera línea de cada párrafo es complicada, y dependerá del tipo de publicación que estés preparando.

Muchas publicaciones técnicas (manuales, folletos...) prefieren presentar el texto ajustado a ambos lados, sin sangría en la primera línea, pero incluyen una separación visible entre párrafos. Es la estrategia que tomé para preparar este libro que tienes en tus manos.

Otras publicaciones (novelas, periódicos) suelen evitar estos espacios para optimizar la cantidad de texto presentado en cada página. En este caso, la sangría de primera línea de párrafo ayuda a reconocer el cambio del mismo.

Lo que no suele recomendarse es utilizar ambas estrategias a la vez. Visualmente, quedan demasiados espacios desaprovechados en la publicación.

350...

Un último punto interesante: Si miras los libros que tienes en tu biblioteca, verás que la mayoría tienen ediciones similares, con un motivo muy sencillo: favorecer la lectura.

Así, el tamaño de la letra suele ser proporcional al de la página, para conseguir un ángulo de visión similar. Básicamente, un libro más grande tendrá letras más grandes, pero también lo leerás desde más lejos.

Si te fijas en tus libros, verás que la mayoría (dentro de una categoría dada: por ejemplo, las novelas) tiene un número similar de líneas, habitualmente entre 35 y 42. Y cada línea contendrá, de promedio, unas 9 - 10 palabras.

Así que podemos calcular un valor de, por ejemplo, 350 palabras por cada página de texto normal, como referencia para nuestros diseños más sencillos.

> ¡No te obsesiones! Si buscas un promedio de 350 palabras por página, será perfectamente normal que tengas páginas con 320 o 380 palabras...
>
> Y, por supuesto, las páginas que no estén completamente llenas de texto incluirán menos palabras.

Deberemos jugar con el tamaño de letra, el interlineado y los márgenes, para conseguir un aspecto visual agradable, que favorezca la lectura.

Recuerda, de las secciones iniciales de este libro, que el margen también juega un papel importante en el diseño de un libro. Además de darle "aire" a nuestra composición, permite que el lector tome el libro y pueda leerlo, sin tapar el texto con los dedos...

Por supuesto, habrá muchos libros que no sigan esa norma, por definición. Este manual, por ejemplo, trabaja con dos columnas, lo que me obligó a buscar un tamaño de letra menor (10 puntos, frente a los habituales once o doce) para incluir una cantidad de palabras razonable por línea y así evitar grandes espacios en blanco, en el caso de que hubiese palabras muy largas, ya que no he separado las palabras con guiones.

Pero te encontrarás con libros de poesía o infantiles, cuyas reglas son completamente diferentes. En esos, prima más la presentación del contenido que la cantidad de palabras, por ejemplo.

Acerca de los ebooks...

Ya estamos terminando los contenidos principales de este libro. Hasta aquí, has podido ver cómo se trabaja para preparar una publicación compleja, con múltiples elementos alrededor del texto principal.

Sin embargo, en muchas ocasiones las publicaciones se preparan simultáneamente para su distribución en distintos soportes o plataformas.

Y, en el caso de los libros, no puede faltar una referencia a los libros electrónicos, que llevan ya casi una décadas siendo un producto extrella en las diferentes tiendas de Internet. Aunque todavía no están extendidos en muchos países (sobre todo, por el coste de adquisición de los dispositivos lectores), son una tendencia clara, y hay que tenerlos en cuenta como una posible fuente más de ingresos - si no la principal.

La pregunta es, entonces, ¿Sirve todo lo visto hasta ahora en este libro? Pues bien, la respuesta es sí y no.

Por un lado, hay muchas publicaciones que se distribuyen en formato electrónico como un archivo PDF. Este archivo, como vimos, respeta la composición original, con todos los elementos de decoración y las fuentes, si se han incrustado en el documento.

Para estos casos, Scribus da la opción de exportar a PDF con una resolución reducida (quizá, de 100 ó 150 ppp), para que el archivo final sea legible en un dispositivo (ordenador, teléfono móvil, tablet...) con una calidad suficiente, pero reduciendo a su vez el tamaño del archivo final, algo que es de agradecer a la hora de hacer una transmisión de datos digital.

Para ello, bastaría con fijar una resolución baja en la zona inferior de la ventana de diálogo que vimos en la página 92, activando esa opción.

Como diferencia añadida a lo visto hasta ahora, es recomendable incluir la portada y la contraportada como páginas del documento, ahora único.

Sin embargo, Scribus no se diseñó para el trabajo con libros digitales, ya que es una "filosofía" de documento diferente. Los libros electrónicos no tienen una definición fija de lo que es una página, y eso va en contra de las mismas bases de Scribus (y de la mayoría de los programas de maquetación).

Un dispositivo lector de libros electrónicos permite que el usuario cambie el tamaño de la letra y el margen, al menos. Algunos, también permiten seleccionar el tipo de letra. Al final, el objetivo es mejorar la experiencia de lectura para el cliente final, el lector. Puede haver tantas opciones de representación de "tu" libro en pantalla como lectores diferentes...

Pero esa misma libertad del texto para "fluir" en la pantalla hace que muchos de los elementos que hemos utilizado en este libro no tengan sentido: Encabezados, pies de página, decoraciones laterales, notas al pie...

Si quieres preparar un libro electrónico, lo más sencillo será que utilices tu editor de textos habitual, y produzcas un archivo sencillo, sin los elementos que acabo de citar. En ese caso, Scribus te da la opción de exportar solo los textos de tu publicación, desde el menú "Archivo - Exportar - Guardar el texto...", lo que producirá un sencillo archivo TXT que podrás formatear con tu procesador de textos.

Alineación

Por último, la mayoría de las publicaciones modernas incluyen una justificación del texto normal a ambos lados del cuadro de texto o de la columna. Sin embargo, hay algunas excepciones.

Es el caso de este manual, por ejemplo.

Aquí, la justificación a ambos lados de la columna creaba espacios demasiado grandes (recuerda: No quise usar la separación de palabras con guiones), a pesar de unsar un tamaño de letra pequeño.

Miré en mi biblioteca, y descubrí que ciertos libros (manuales de edición fotográfica, por ejemplo), no utilizaban esa justificación a ambos lados. Apliqué esa decisión en mi manual anterior, y me gustó el resultado. Por eso este libro también incluye el texto normal alineado a la izquierda... ¿Qué te parece?

Al final, es una decisión personal, ya sea tuya como diseñador/a, o acordada con tus clientes, si trabajas para alguien.

Busca en tu estantería algún libro similar a lo que quieras producir. ¿Tiene márgenes amplios, o estrechos? ¿Cuántas líneas tiene de promedio por página? El texto, ¿Está alineado a ambos lados, o solo a la izquierda...? Date cuenta de que esos libros se han diseñado así por un motivo... Siempre puedes aprender de otros.

Conclusiones

Los programas de maquetación te permiten hacer composiciones diferentes y complejas a la hora de crear una publicación. Si trabajas con libros de «sólo texto», este punto puede no ser tan importante, aunque la mayoría de los libros modernos incluye gran cantidad de elementos junto con el texto en sí mismo.

Pero, para casi cualquier otro tipo de publicación (periódicos, revistas, folletos, catálogos… o incluso el libro que tienes en tus manos), los programas de maquetación son prácticamente imprescindibles.

Partiendo de una metodología de trabajo muy sencilla (definir el espacio o marco, aplicar contenido y darle formato), con Scribus podemos realizar diseños realmente complejos, dependiendo esta complejidad de la publicación que tengamos en mente y de nuestra habilidad para utilizar la gran cantidad de herramientas disponibles en Scribus.

El hecho de que estas herramientas estén organizadas en tres ventanas auxiliares básicas (la ventana de Propiedades, la de Edición de Texto y la de definición de Estilos) hacen que la curva de aprendizaje de Scribus sea muy rápida.

Además, las posibilidades de exportación a archivos utilizables por imprentas profesionales ya sean en formato PDF (incluyendo la opción de usar cuatricromía) o EPS, hacen de Scribus una herramienta perfecta para el trabajo personal o en pequeñas empresas, en las que los costes de las licencias (muy caras, en algunos programas similares) pueden frenar el salto a este tipo de aplicaciones, frente a los procesadores de texto tradicionales.

Por último, Scribus también tiene la capacidad de crear las portadas de tus publicaciones, de la misma forma que haríamos un póster o un folleto. Quizá no tenga la potencia creativa de otros programas dedicados de diseño gráfico, pero puede permitirte utilizar una única herramienta para ambos archivos (interior y cubierta), algo que puede ser una buena opción, si quieres simplificar tu flujo de trabajo.

Un último apunte, que no me cansaré de repetir. Las técnicas descritas en eeste libro son generales, y deberás adaptarlas a lo que estés buscando. Quizá algstextos de los pasos presentados no te funcionen en tu diseño, y quizá descubras formas nuevas de usar Scribus. Solo tú pudes descubrirlas, con la práctica…

Espero que este manual básico haya servido para presentarte, de una manera sencilla y directa (aunque rigurosa) el manejo de este potente Software de composición de publicaciones.

Valencia, noviembre de 2022

Conclusiones

Glosario

A

Aditivo – Espacio de color en el que los colores se consiguen mediante la superposición de colores primarios.

Es el caso de las pantallas y monitores de ordenador, donde los elementos que producen la luz emiten en colores rojo, verde y azul (sistema RGB).

AdWords - Sistema de publicidad contextual de Google que permite anunciar un producto o servicio en páginas relacionadas con el tema, optimizando la presencia en Internet.

Alfa – Canal especial disponible en algunos formatos de imagen (como el TIF o el GIF) que incluye información de transparencia de los píxeles de la imagen. Algunos programas permiten añadir un canal alfa en cada capa de contenido de imagen, que se denominará máscara.

Aliasing – efecto visual que se produce cuando se trabaja con imágenes digitales, y que consiste la aparición de líneas en "diente de sierra", sobre todo en contornos con mucho contraste.

Este efecto se genera a causa de la cuadrícula utilizada para representar las imágenes de mapa de bits (bitmaps), o bien por la estructura de las pantallas y monitores de ordenador.

El aliasing se puede corregir aplicando filtros de desenfoque o de "paso bajo", pero por lo general se perderá enfoque y calidad de imagen.

Análogo – Esquema de color en Scribus en el que los colores seleccionados son cercanos en la rueda de color, normalmente a partir de un ángulo dado.

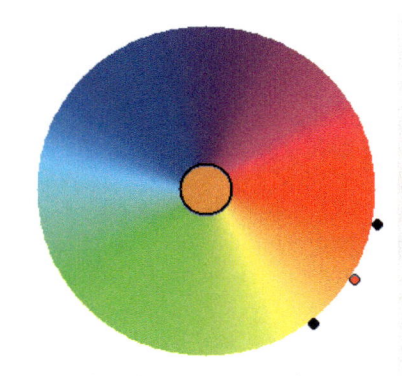

ASIN - Amazon Standard Identification Number, Número de Identificación Estándar de Amazon.

Utilizado por esta empresa para catalogar todos los productos que tienen a la venta. Cada ASIN se corresponde de manera única con un producto. En el caso de los libros, con un número ISBN.

B

Bèzier – Tipo de curva utilizado en muchos programas de diseño gráfico vectorial, basado en la definición de ciertos puntos clave de la curva.

Estos puntos pueden ser puntos de curva o bien indicar la curvatura de la misma en una zona determinada.

Las curvas Bèzier también se utilizan para definir los contornos lógicos de ciertos elementos, por ejemplo, para indicar cómo interaccionan con los que tienen alrededor.

Balance de Blancos – Ajuste de las iluminaciones en una fotografía para conseguir una representación fiel del color, basado en la temperatura de la iluminación utilizada.

Habitualmente, se realiza de forma automática según el ajuste de la cámara digital, aunque puede ajustarse posteriormente en los fiche-ros con formato RAW.

Banding – Efecto visual que se produce en imágenes con áreas de color uniforme.

Las limitaciones de la representación de tonos en un espacio de color dado pueden crear zonas de color idéntico de manera artificial, perdiendo detalle y dando un aspecto "artificial" a la imagen.

Bit – mínima unidad de información posible en electrónica digital, con dos valores posibles: cero o uno.

Bitmap – Mapa de bits. En imagen digital, se refiere a la matriz (o mapa) que incluye los valores de color para una imagen determinada, con información de las coordenadas de cada píxel.

Por extensión, se denominan imágenes de mapa de bits a todas las imágenes que utilizan esta estrategia (por ejemplo, las fotografías digitales).

La calidad final de una imagen impresa de mapa de bits dependerá (entre otras cosas) de su resolución.

BlueRay – Disco óptico desarrollado como sustituto del DVD, con una mayor capacidad de almacenamiento (unos 25Gb por capa).

Su introducción en informática e imagen digital está siendo limitada, debido al auge de las memorias de estado sólido (SSD).

Byte – agrupación de ocho bits, muy utilizada en electrónica digital (y de ahí en la fotografía digital y la edición de imagen).

C

Capa – En diseño gráfico y edición fotográfica, hace referencia a un nivel de apilado, que engloba una serie de elementos o imágenes, relacionados entre sí.

Habitualmente, en los programas de edición se puede mostrar u ocultar la información de cada capa por separado, o bien realizar operaciones más o menos complejas entre los valores de color de cada punto en las diferentes capas.

CCD - Acrónimo inglés de Charge-Coupled Device, componente acoplado por carga. Se refiere a una tecnología de semiconductores (chips electrónicos), concretamente de transistores, utilizada en la fabricación de sensores fotográficos y de video.

CD - Compact Disc, disco compacto. Soporte de datos con grabación y lectura por láser, con más de 30 años de historia, utilizado todavía como principal soporte físico para la música.

Los avances en almacenamiento en memoria estática (Flash) están reduciendo su uso en informática.

CF - Compact Flash - Uno de los formatos pioneros de tarjetas de memoria para cámaras fotográficas (y otras muchas aplicaciones...), ha seguido evolucionando con el tiempo hacia mayores capacidades y velocidades de escritura, superando su inconveniente del gran tamaño relativo, comparado con el de otros formatos más modernos.

CMYK - Acrónimo en inglés de cian, magenta, amarillo y negro (Cyan, Magenta, Yellow, blacK).

Es el sistema utilizado universalmente para la impresión profesional, ya que permite la utilización de negro puro, lo que mejora el contraste.

No es un sistema soportado de manera nativa por programas como GIMP, por lo que requerirá una transformación previa.

Otros programas, como Scribus, incluyen una gestión inteligente del color, y permiten exportar a formatos (como el PDF X/1a) que requieren un sistema de color CMYK.

Complementario - Esquema de color en Scribus en el que se selecciona un color para el diseño, y el programa proporciona el opuesto en la Rueda de Color.

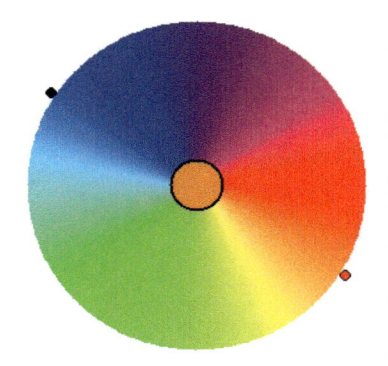

Contraste – Relación entre las zonas más iluminadas y las más oscuras de una imagen.

En diseño gráfico, también hace referencia a la diferenciación entre colores en un diseño concreto.

Ejemplo de imagen con el contraste muy alto

Crowdfunding - Estrategia de financiación social en la que múltiples individuos o empresas aportan pequeñas cantidades a un proyecto determinado.

Habitualmente, este proceso se gestiona desde una web dedicada, y necesita llegar a un umbral para que se financie realmente el proyecto.

CSx - Siglas de Creative Suite, conjunto de aplicaciones de diseño gráfico de Adobe. Actualmente por la versión cinco (CS5), incluye todos sus programas comerciales (PhotoShop, Illustrator, InDesign…)

Curva – En edición fotográfica, línea de ajuste de iluminación que se aplica a la imagen en general, o bien a un canal de color o selección determinada; representa un factor de multiplicación o división diferente para cada tono de entrada.

En dibujo vectorial, es una "entidad" o elemento definido por una fórmula matemática, que indica la posición de una serie de puntos clave de la misma.

D

Degradado – transición suave entre dos tonos o colores en una zona determinada de una imagen. En diseño vectorial, también se puede aplicar como relleno de elementos cerrados (formas básicas como los rectángulos y las elipses).

DIN - Deutsches Institut für Normung - Instituto alemán para la normalización.

Similar al ASA americano, se encarga de definir los estándares a utilizar, en este caso en Alemania (y por extensión en muchos países de Europa).

Display - Pantalla, en inglés. Se aplica a los monitores de ordenador, o bien a las pantallas incorporadas (por ejemplo) en las cámaras fotográficas.

DNG - Digital NeGative, es un formato RAW basado en TIFF y creado por Adobe, para uniformizar la descripción de los ficheros en bruto.

En su especificación incluye ciertas mejoras respecto al RAW básico, como la inclusión de una miniatura JPG, datos del fabricante de la cámara, o bien una copia de seguridad de la imagen RAW completa.

Dpi - Acrónimo del inglés Dots per Inch, puntos por pulgada (ver ppp).

En el caso de las pantallas y monitores, valores típicos oscilan entre 72dpi y los 266dpi de las últimas pantallas de tipo "retina".

La mayoría de imprentas comerciales trabajan a partir de 300 dpi en publicaciones normales (como los libros de texto), pero este valor puede ser mucho mayor (de 600 dpi hasta 1200 dpi) en trabajos que requieran una definición más elevada.

DRM - Digital Rights Mamagement, Gestión de Derechos Digitales.

Sistema de protección de derechos digitales basado en la inclusión de ciertos datos dentro de los archivos, que limitan el uso del archivo a cierto número de dispositivos del comprador.

DSLR (SLR) - Digital Single-Lens Reflex - acrónimo para las cámaras réflex de objetivos intercambiables.

Típicamente con pentaprisma o espejos y obturador mecánico, también se aplica a los nuevos formatos sin espejo móvil (tipo EP).

El término Single diferencia estas cámaras de las que incluían un doble objetivo, como los modelos de medio formato de la marca Rollei.

Duotono – Fotografía que utiliza sólo dos colores diferentes (y sus gamas) para representar la imagen.

Ejemplo de imagen en duotono.

Sería una extensión de las imágenes monocromas, en las que al menos el color blanco se sustituye por otro diferente.

DVD - Digital Video Disc / Digital Versatile Disc - Disco de Video Digital / Disco Digital Versátil.

Evolución del Disco Compacto (CD) que permite almacenar hasta 9Gb de información en su variante de doble cara. Ya existe un formato sustituto, el BlueRay, con una mayor capacidad de almacenamiento.

E

eBook - Electronic Book, Libro Electrónico. Puede hacer referencia al dispositivo capar de mostrar libros electrónicos, o bien a los archivos digitales en sí mismos.

Los dispositivos de lectura de libros electrónicos suelen utilizar una pantalla de tinta electrónica (e-ink, ver abajo), habitualmente en blanco y negro, que permite una lectura similar a la del papel tradicional.

Los archivos digitales tendrán diferentes formatos y extensiones de archivo, según el dispositivo objetivo.

EDC - Expanded Distribution Channel, Canal de Distribución extendido, opción disponible en CreateSpace (filial para impresión bajo demanda de Amazon) para vender los libros en librerías.

eInk (ó e-Ink) – Tinta electrónica. Tecnología de pantalla de algunos lectores de libros electrónicos basada en la polarización de pigmentos almacenados en cápsulas diminutas.

Esta polarización no necesita una actualización o refresco, por lo que el consumo eléctrico de estos dispositivos es muy reducido, alargando la vida de su batería a varias semanas. La tecnología eInk, además, es visible con luz de día, sin producir reflejos.

En algunos foros se le denomina papel electrónico, haciendo referencia a la pantalla del dispositivo.

La tecnología eInk, además, es visible con luz de día, sin producir reflejos. Algunas empresas (como la estadounidense Qualcomm) trabajaron en sistemas de tinta electrónica en color, aunque su complejidad técnica está limitando (por ahora) su introducción en la

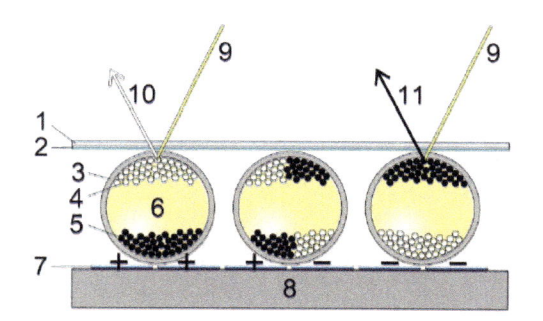

1. Capa superior
2. Electrodo transparente
3. Micro-cápsulas transparentes
4. Pigmentos blancos cargados positivamente
5. Pigmentos negros cargados negativamente
6. Aceite transparente
7. Capa de electrodos / píxeles
8. Soporte / Substrato
9. Luz
10. Blanco
11. Negro

Estructura del papel electrónico (vista lateral de una pantalla electroforética). Fuente: Tosaka para WikiMedia Comons, basado en Ref:NIKKEI ELECTRONICS 2008.12.29 Issue Page.69

electrónica de consumo.

ePub - Formato estándar de libro electrónico libre de uso, muy utilizado en la mayoría de lectores actuales, incluyendo aplicaciones para teléfonos inteligentes (smartphones) y tablets, y basado a su vez en el estándar XML.

Actualmente, los procesadores de texto habituales (Word, OpenOffice Writer) permiten guardar los textos directamente en formato ePub.

Alternativamente, otros programas de gestión de libros electrónicos, como Sigil y Calibre, facilitan la conversión entre formatos.

Curiosamente, el lector Kindle de Amazon no es compatible con este formato…

EPS - Encapsulated Post Script – formato de archivo utilizado extensamente en imprentas hasta la proliferación del formato PDF.

Era (y sigue siendo) un formato de referencia para almacenamiento y envío de archivos gráficos profesionales.

Estilo - Conjunto de características que definen un elemento en un diseño o composición. Referido a textos, puede incluir el tipo de letra, su tamaño, la decoración (negrita, cursiva), el color, su interlineado…

Si hablamos de elementos de diseño gráfico, podemos incluir el color de contorno y su grosor (quizá también el tipo de línea), el color de relleno, su ángulo de giro desde una referencia, su transparencia…

EXIF - Exchangeable Image File Format (Formato de fichero de imagen intercambiable).

Conjunto de datos incluidos con la imagen (metadatos), pueden contener la mayoría de ajustes de la cámara (velocidad, diafragma, sensibilidad…), junto con el autor, fecha de captura…

Esta información puede consultar-se con la mayoría de los programas actuales de edición, como Photoshop, GIMP y RAWTherapee.

F

Fibonacci – Esquema de composición de publicaciones que define los márgenes siguiendo la regla matemática del mismo nombre, con la proporción 1 – 1,5 – 2,5 – 4.

Filtro – En fotografía, elemento que se coloca en la trayectoria de la luz para modificar las propiedades de la escena capturada.

Puede colocarse delante del objetivo para modificar el color, la intensidad o la polarización de la luz incidente.

La mayoría de las cámaras montan, además, un filtro fijo delante del sensor, que selecciona qué color (canal) se leerá en cada fotodiodo individual. El filtro más habitual es el filtro de tipo Bayer, que separa los colores rojo, verde y azul.

En retoque fotográfico y diseño gráfico, un filtro es una edición especial (normalmente con su propio comando y ajustes dedicados) que modifica la imagen para conseguir diferentes efectos.

Formato – En fotografía, se denomina formato a la relación de aspecto entre el ancho y el alto de una fotografía. Por extensión, se denomina formato a los tamaños habituales de imagen (por ejemplo, 10 x 15 centímetros).

En diseño gráfico, formato puede hacer referencia a la distribución de los elementos en un diseño concreto, o también a las proporciones de este.

En informática, formato es la estructura de almacenamiento de los datos de un archivo, que suele incluir (entre otros) el nombre del archivo, su fecha y hora de creación, los datos "propios" y los permisos de acceso y edición.

FTP - File Transfer Protocol – Protocolo de Transferencia de Archivos.

Protocolo especial de Internet dedicado a la transferencia directa de archivos entre dos ordenadores, mediante la creación de un "canal" dedicado.

Las velocidades de transferencia pueden aproximarse a la capacidad (ancho de banda) disponible de la conexión.

Fusión de capas – Operación matemática utilizada en

edición de imagen que utiliza información de dos capas diferentes.

No se debe confundir con el anclado de capas, que permite desplazamientos conjuntos de varias capas, pero se puede deshacer en cualquier momento.

Dos capas con una operación de fusión suelen estar ancladas entre sí, pero un conjunto de capas ancladas no necesita definir operaciones de fusión entre ellas.

Gamut - Es el conjunto de colores que un dispositivo es capaz de utilizar. Por ejemplo, el espacio RGB cuenta con 16,77 millones de colores posibles (a 8 bits por canal), pero ningún monitor o impresora serán capaces de presentarlos.

Cuanto más extenso sea el gamut de un dispositivo, mejor será la representación de los colores extremos.

G

Gb - Gigabyte - Unidad de capacidad en informática, equivalente a 1,024 Megabytes (Mb)

GEGL - GEneral Graphics Library, Biblioteca Genérica para Gráficos. Conjunto de herramientas y utilidades con licencia GNU que ha sido incorporado, por ejemplo, en la nueva versión 2.8 de GIMP.

Entre sus mejoras, están el trabajo con 32 bits, manejo de ficheros RAW y funciones para la creación de imágenes con rango dinámico extendido (HDR)

GIF - Graphic Image Format - Formato de imagen gráfica. Formato muy extendido desde los comienzos de Internet, debido al poco peso de las imágenes generadas; se basa en la indexación de color (256 colores o tonos de gris diferentes, a partir de 8 bits) y permite la compresión sin pérdida.

También permite la transparencia y la animación, guardando varias imágenes dentro del mismo fichero, junto con información del tiempo de cambio de una a otra.

El hecho de que fuese un formato propietario de CompuServe y de la limitación de colores a presentar, ha hecho que decaiga su uso, que casi se limita al de iconos e imágenes animadas en internet.

GIMP - GNU Image Manipulation Program - Programa de manipulación de imágenes con licencia GNU.

GNU - Sistema operativo de código abierto similar al UNIX, iniciado en 1983 como alternativa a este; el hecho de ser abierto facilitó la aparición de los grupos de desarrollo, lo que hizo avanzar el proyecto rápidamente, y facilitó la evolución hasta sistemas como Gnome.

Grano – en fotografía tradicional, hacía referencia al tamaño de las sales depositadas en la película o el papel fotográfico.

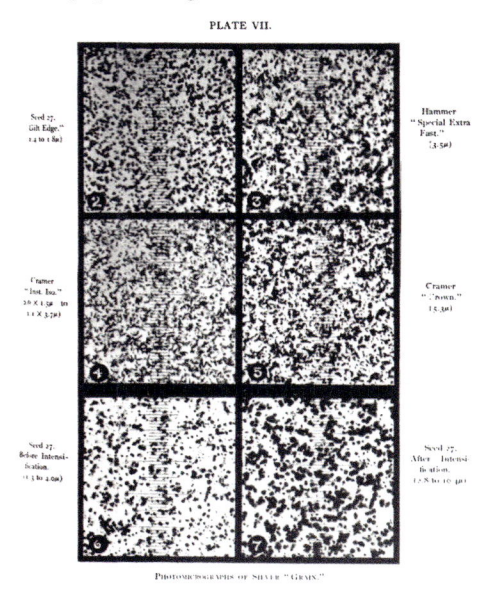

Un grano mayor permitía una captura más rápida de la luz (película más sensible), pero este grano grande podía llegar a ser visible en las ampliaciones.

Guía – línea imaginaria utilizada en la mayoría de programas de edición (de fotos, gráficos vectoriales, textos…) para la alineación de diferentes elementos de una manera sencilla.

Permiten una colocación más precisa de los elementos, consiguiendo un acabado más profesional.

Gutemberg - Esquema de composición de publicaciones en el que el margen exterior es el doble del interior (correspondiente a la encuadernación), el superior es igual a 1,41 el interior, y el inferior es el doble del superior.

H

HDR - High Dynamic Range – Alto rango dinámico. Se aplica a imágenes que contienen un rango extendido de valores, mostrando al mismo tiempo detalles en zonas oscuras y claras, y manteniendo la iluminación general de la imagen.

Imagen procesada en falso HDR

Histograma - Gráfica que presenta la distribución de los diferentes tonos disponibles (intensidad de luz en grises o por canal de color) en una imagen concreta.

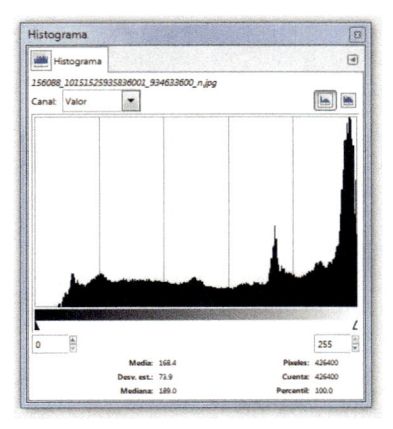

Ejemplo de histograma

Se utiliza para detectar posibles desequilibrios, y para una decisión inicial sobre la técnica de corrección o edición a aplicar.

HTML - Hyper-Text Markup Language, Lenguaje de hipertexto basado en etiquetas. Sistema original de definición de páginas web, se basaba en la utilización de un conjunto de etiquetas que eran interpretadas por el navegador, sin ser mostradas al usuario final.

El sistema HTML ya está en su quinta revisión (HTML5), y se está extendiendo como sistema XML genérico a otros dispositivos, como base para la interfaz gráfica.

iBook - Formato de libro electrónico propietario de Apple, está basado en el estándar epub pero incluye ciertos cambios en las CSS.

I

ICC - En fotografía, hace referencia al Consorcio Internacional del Color (International Color Consortium, en inglés), que es el grupo de trabajo para la estandarización del color.

Se encargan de definir los procesos de calibración de los diferentes equipos utilizados en la producción de imágenes, desde las cámaras o escáneres hasta la impresión, pasando por los monitores.

IPTC - Acrónimo del International Press Telecommunications Council, consejo internacional de telecomunicaciones y prensa, que fue quien se encargó de la definición de los datos EXIF que se graban con las fotografías en la mayoría de cámaras digitales.

IRS - Internal Revenue Service – Servicio interno de ingresos de los Estados Unidos.

Entidad estadounidense encargada de la gestión de impuestos generados por actividades laborales y comerciales.

ISBN - Acrónimo del inglés International Standard Book Number, Número Estándar Internacional de Libro.

Estructura de un número ISBN
Fuente: Sakurambo at English Wikipedia / WikiMedia Commons

ISO - International Standard Organization - Organización Internacional para la Estandarización, recoge las propuestas de organizaciones nacionales (ASA, DIN...) y en su caso las publica con las actualizaciones necesarias.

En fotografía hace referencia a la clasificación de sensibilidades definida para las películas tradicionales, que se adoptó en la tecnología digital para indicar la correspondencia de los distintos ajustes de sensibilidad con aquellos valores originales.

ISSN - International Standard Serial Number – Número de Serie Estándar Internacional.

Código de numeración utilizado actualmente en muchas bibliotecas.

ITIN - Income Taxpayer Identification Number – Número de identificación fiscal para el registro de impuestos personales en Estados Unidos.

J

JEIDA - Japan Electronic Industry Development Association - Asociación para el desarrollo de la industria electrónica de Japón. Fueron los encargados de definir la estructura de los datos exif junto con el IPTC.

JPEG - Joint Photography Experts Group, grupo de expertos en fotografía. Fue el grupo original que trabajó en la definición del formato JPG, y que se consolidó con el algoritmo progresivo del instituto Fraunhofer.

Es el formato más utilizado en Internet, dado su rendimiento entre calidad y peso de la imagen; desde hace unos años, está sufriendo la competencia del nuevo formato PNG.

K

KPF - Kindle Package Format, formato actual de fichero para los libros electrónicos vendidos por Amazon.

EL formato KPF es relativamente nuevo, por lo que algunos programas de gestión de libros electrónicos (como Calibre) todavía no lo manejan de manera nativa, y requieren la instalación de plug-ins de terceros.

L

LPI / LPP - Lines per inch / Líneas por pulgada. Unidad utilizada para la estimación de la resolución efectiva de las cámaras fotográficas, que tiene en cuenta no sólo la estructura física del sensor, sino también el impacto del filtro de color, el de paso bajo y la óptica utilizada.

LZW - Método de compresión de datos sin pérdidas desarrollado por Abraham Lempel, Jacob Zib y Terry Welch, el acrónimo hace referencia a sus apellidos. Es el método básico utilizado en muchos formatos de fichero (TIF, GIF, algunos JPG).

No es el mejor método de compresión (data de 1978, su mejora de 1984) pero obtiene buenos rendimientos para ficheros "grandes".

M

Magazine - Esquema de composición de publicaciones en el que los cuatro márgenes de una página son idénticos.

Manejador (handler) – Punto de control disponible en muchos pro-gramas de edición (tanto fotográfica como de dibujo vectorial) para ediciones básicas (cambios de tamaño o forma, ajuste de curva-turas) de los elementos seleccionados.

Mapa de bits – ver Bitmap. Es una imagen cuya información se alma-cena como una tabla de valores de color para cada píxel.

Margen - Distancia mínima entre los elementos de un diseño y el borde físico de la página.

Muchos editores o impresores indican un valor mínimo que no se debe traspasar, dado el riesgo de pérdida de información por un desajuste del proceso de impresión, encuadernado o corte.

Megabyte – unidad utilizada en informática para representar 1024 Bytes (equivalente a 210 Bytes)

Mobi - Formato de libro electrónico desarrollado por la empresa Mobipocket, que fue comprada posteriormente por Amazon.

El formato mobi se está dejando de utilizar, a favor de otros formatos más modernos como el KPF.

Moirè - Efecto óptico que genera tramas artificiales en imágenes (tanto analógicas como digitales), causadas por la interferencia óptica resultante de la superposición de dos patrones similares con ángulos ligeramente desplazados.

Monocromático – Esquema de color en el que los tonos elegidos son similares.

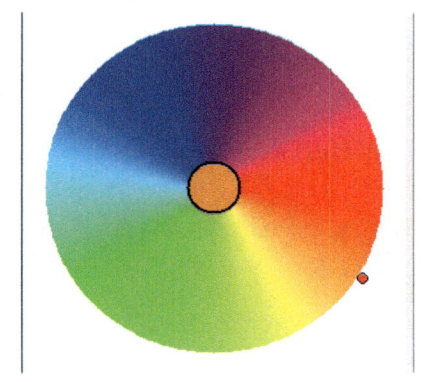

N

NEF - Acrónimo para NEgative File (o NEgative Format). Es un intento de unificar la definición de los ficheros RAW, de cara a crear aplicaciones y herramientas de proceso. En la actualidad, muchas cámaras SLR ya permiten la captura en este formato.

Nivel - En edición digital, cantidad de puntos de una imagen que contienen un determinado tono de iluminación o de color primario, según el histograma que se esté analizando. Es un dato clave como punto de partida para el ajuste de niveles o de curvas.

Nine parts (nueve partes) – Esquema de publicación en el que los márgenes se definen proporcionalmente al tamaño del papel, siendo los márgenes interior y superior iguales a un noveno de la medida del papel, mientras que los márgenes exterior e inferior son iguales a dos novenas partes.

O

ODT - Open DocumenT – formato de documento abierto propuesto inicialmente por Sun Microelectronics, se extendió como un estándar de archivo OpenSource frente a soluciones propietarias como los formatos de la empresa Microsoft.

OpenSource - Código abierto o libre, se aplica a programas, plug-ins y complementos de software desarrollados de manera abierta.

Habitualmente, se comprarte el código fuente, y cualquier usuario puede modificarlo para crear una evolución del mismo.

P

Página Maestra - Página que contiene una descripción de elementos (tipo, tamaño y posición) que definen una configuración determinada, que se puede recuperar y aplicar tantas veces como queramos dentro de una maqueta concreta. El uso de páginas maestras facilita el trabajo en publicaciones complejas, simplificando el proceso de colocación de los diferentes elementos.

PC - Personal Computer – Ordenador o computadora personal.

PDF - Portable Document Format – Formato de documento transferible. Es un formato original de la empresa Adobe, que se ha extendido como estándar entre plataformas informáticas.

La mayoría de programas de edición de imagen y gráficos vectoriales, y las suites de ofimática modernas pueden exportar los documentos directamente a este formato.

Extensiones PDF:

Según la opción que elijas al exportar, el comportamiento de Scribus será diferente:

* PDF/X-1a: incrusta las fuentes, aplana las capas y convierte a CMYK.
* PDF/X-3: incrusta las fuentes, aplana las capas y no convierte los perfiles de color, pero los incrusta.
* DF/A-1a: similar al X-1a, además baja la resolución de las imágenes a 300 ppp.

Pica - Unidad de medida utilizada en imprenta y tipografía, equivalente a doce puntos y a un sexto de pulgada.

Plug-in - Complemento de Software desarrollado independiente-mente de una aplicación, que le añade cierta funcionalidad.

Pueden estar desarrollados por empresas diferentes a las que generan la aplicación de partida.

PNG - Portable Network Graphic – Gráfico (o imagen) portátil para la red. Es una imagen que toma las mejores características de diversos formatos, para crear este nuevo, que ya es compatible con la mayoría de los navegadores de internet.

En concreto, utiliza el espacio RGB completo (8 bits por canal, como JPG y TIF) y permite compresión sin pérdidas (como GIF y TIF) pero consiguiendo tamaños de archivo muy reducidos.

POD - Print-on-demand. Impresión bajo pedido. Proceso moderno de impresión que permite publicar libros en papel con cantidades muy bajas, evitando la creación de stocks.

Profundidad de campo – Espacio de una escena en el que los objetos aparecerán enfocados en la fotografía. Normalmente, es una distancia determinada delante y detrás del plano de enfoque, y depende (entre otras cosas) del diafragma utilizado para la captura.

Proporción áurea – Esquema de composición de publicaciones en el que los márgenes siguen la siguiente progresión: 1 – 1,7 – 2,4 – 3,4. Los márgenes que produce son algo más reducidos que los del esquema Fibonacci.

Ppp - Puntos por pulgada, indicación de cuántos puntos diferentes puede representar un dispositivo de salida por unidad de longitud.

En impresoras, este valor suele estar en torno a 300 ó 600 ppp, como mínimo; los monitores trabajan con valores menores habitualmente, como 72 ó 96 ppp.

PSD - Formato de archivo original de Photoshop, permite almacenar información de capas, además de máscaras y trazados.

GIMP permite abrir y guardar con este formato.

Punto tipográfico (pt) - Unidad de medida utilizada para definir el tamaño de partida de los caracteres de un texto. Según el sistema utilizado, su medida real es ligeramente diferente.

En el siglo XX, el punto tipográfico (informática) se definía como 1/72 de pulgada, y por tanto 352.8 micras.

El sistema continental europeo parte del pie francés, y da lugar a un valor de 376 micras. Final-mente, el sistema anglosajón se basa en la pulgada inglesa, y da un valor de 351 micras.

R

RAM - Random-Access Memory, memoria de acceso aleatorio. Es la memoria de trabajo de los ordenadores y las cámaras fotográficas; su contenido se pierde al desconectar la alimentación.

RAW - Del inglés (raw significa crudo), hace referencia a los archivos digitales generados por la cámara con la información directa del sensor, sin ningún proceso interno.

Contienen mucha más información que los archivos JPG - y su tamaño también es mucho mayor.

Rejilla – Extensión del concepto de guía, que asigna propiedades de alineado a puntos específicos de una imagen (en forma de cuadrícula, cuya distancia se puede ajustar habitualmente). Permite una alineación rápida de múltiples objetos de manera precisa.

RGB - Red, Green and Blue, rojo, verde y azul. Es el sistema universal de representación de color en pantallas y monitores, y cubre gran parte del espectro visible por el ojo humano.

Desde hace unos años, hay espacios de color derivados del RGB, como el sRGB y el AdobeRGB.

La generación de colores en el sistema RGB es por adición, siguiendo el ejemplo simplificdo de la siguiente página

Royalty - Pago recibido por el per-miso otorgado a un editor para imprimir y vender nuestra obra intelectual (libro, fotografía, música…), equivalente a un pago por derechos de autor.

RTF - Rich-Text Format, formato de texto enriquecido. Evolución del formato TXT que permite almacenar información del estilo de carácter, como su tipo de letra, tamaño, si es negrita o cursiva…

Es una buena opción para crear primeras versiones de libros con pocos requerimientos de formato (novelas y ensayos, por ejemplo).

RVA - Acrónimo en español (Rojo, Verde y Azul) para el sistema RGB.

S

Sangría – en imprenta, la sangría hace referencia a la parte de contenido "vivo" de una página que se corta (o puede cortarse) a la hora de encuadernar.

Es importante en páginas con imágenes o gráficos hasta el borde, que deben prever cierta pérdida en ese proceso de corte (habitualmente, unos cinco milímetros).

Saturación – Intensidad de color, tomando como referencia el color blanco y valor el máximo posible para ese color en el espacio de color determinado.

Puede expresarse de una manera matemática, por lo que la mayoría de programas de edición permiten modificar el color de las imágenes mediante el ajuste de la saturación.

Serif - Decoración aplicada a los caracteres de ciertos tipos de letra

Serif Serif

(por ejemplo, la Times New Roman). En principio, mejoran la legibilidad de textos con tamaños de letra reducidos.

Izquierda: Letra con Serif (decoración).
Derecha: Letra sin Serif

SLA - Scribus LAyout, maqueta de Scribus. Formato nativo de este programa de composición de publicaciones, derivado del XML.

Split Complementary (complementario dividido) – Esquema de color en Scribus que proporciona dos colores análogos a uno dado y sus dos complementarios, produciendo un conjunto de cinco nuevos colores en la paleta activa.

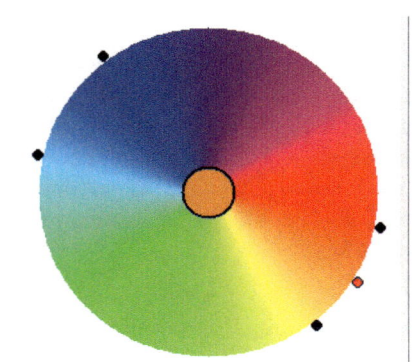

Substractivo – Espacio de color en el que cada tono o color independiente elimina cierta cantidad de colores (sus opuestos). Es el utilizado en impresión por pigmentos (ya sea tinta líquida o polvo de tóner).

Suite - Conjunto de aplicaciones que suelen estar disponibles en grupo, de manera que pueden intercambiar datos entre ellas de manera directa. Por ejemplo, podrás encontrar referencias a las suites de ofimática como Microsoft Office, o las gratuitas OpenOffice y LibreOffice.

También Adobe utiliza la denominación Creative Suite para sus aplicaciones de diseño gráfico.

SVG - Scalable Vector Graphic, Imagen vectorial escalable.

Formato OpenSource de gráfico vectorial utilizado, por ejemplo, por InkScape. Permite ampliar o reducir el tamaño de un diseño sin pérdidas de calidad…

T

Tetradic (Double complementary) - Esquema de color en Scribus que calcula un color cercano al principal, y proporciona los dos colores complementarios, añadiendo un total de cuatro colores nuevos a la paleta activa.

TFT - Thin-Film Transistor – Transistor de película plana. Tecnología utilizada en la fabricación de pantallas planas, necesita una fuente de luz blanca (y una rejilla de filtros de color) para representar las imágenes.

TIFF - Tagged Image File Format – Formato de fichero de imagen con etiquetas. Uno de los formatos pioneros en incluir contenido de color RGB completo (frente a GIF) con posibilidad de compresión sin pérdidas.

Una de las características que incluye es la de un conjunto de "etiquetas" o contenidos añadidos a la imagen.

Tintado – en imagen digital, proceso en el que se aplica un color uniforme a una imagen. Se puede hacer de varias formas diferentes, ya sea mediante la adición de una capa de color sólido y modo de fusión "Multiplicar", o bien mediante ajustes de brillo, tono y saturación. También se puede conseguir mediante la herramienta de curvas.

En fotografía tradicional, se conseguía mediante la adición de colorantes en el proceso de positivado del papel.

No es el mismo proceso que el virado, en el que se modificaban las sales del soporte físico (papel).

TOC – Table of contents, tabla de contenidos. Denominación genérica para índices y listas de figuras y gráficos en una publicación.

Tolerancia – en imagen digital hace referencia al rango de valores permitido para aplicar una herramienta o selección, a partir de los valores de un punto concreto.

Cuanto mayor sea esta tolerancia, mayor será (por lo general) el área afectada por la herramienta, transformación o selección.

Tramado – en imagen digital, es el efecto visual resultante de la incapacidad de algunos sistemas de color para representar colores concretos.

El ordenador o la imprenta creará patrones (habitualmente, con un color de fondo y otro formando un patrón sobre este) para generar un efecto visual lo más parecido posible, si la imagen se mira a una distancia dada.

En imprenta digital, los diferentes colores y tonos se obtienen mediante tramas de puntos de color en el sistema CMYK, variando el tamaño del punto y la inclinación de la trama, diferente para cada color primario.

Trazado – Curva con definición matemática, realizada mediante puntos y datos de curvatura, utilizada para realizar selecciones avanzadas en programas de edición fotográfica.

Triadic (tríada) - Esquema de color en Scribus que proporciona los dos colores equidistantes del seleccionado, estando los tres a 120 grados de distancia en la Rueda de Color.

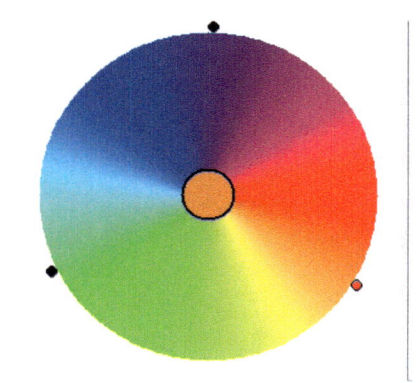

TXT - Uno de los formatos de texto pioneros, es la forma más sencilla de almacenar información de texto.

No se incluye información del estilo de la letra, ni su fuente o tamaño.

Dado que generan archivos muy pequeños y sin etiquetas (metadatos internos), son ideales como formato de entrada hacia los programas de maquetación.

U

UNIX – Sistema operativo portable, multitarea y multiusuario, alternativo a Windows y a Mac OS – de hecho, la primera versión data de 1969.

Es más, el sistema actual Mac OSX es en realidad una variante de UNIX, con una interfaz gráfica propia.

UNIX también fue el punto de partida de otros sistemas operativos, como GNU/Linux y Ubuntu, por ejemplo.

USB - Universal Serial Bus – Bus Serie Universal, formato de conexión digital estándar que permite la conexión de hasta 127 equipos por puerto. Se ha convertido en el estándar actual, con su versión 2.0 (permite hasta 480MBps) como la más extendida.

Ya hay dispositivos que trabajan con el nuevo estándar 3.0, que poco a poco va desplazando a la versión anterior, aunque es compatible con aquella.

V

Vector – Entidad matemática que incluye información (al menos) de su punto de origen y orientación. Se suele representar con una flecha, cuya punta indica el sentido o dirección "positivo", referido a ese vector.

En diseño gráfico, las líneas curvas pueden crearse y representarse mediante vectores, que facilitan su edición mediante relaciones matemáticas.

W

WYSIWIG - What you see is what you get – Lo que ves es lo que obtienes. Utilizado en informática para sistemas de representación (pantallas) que muestran exactamente el resultado final que darán los equipos de salida (impresoras).

Permiten una edición más sencilla, ya que se pueden ver los efectos de cada cambio realizado.

X

XML - eXtended Markup Language, lenguaje con etiquetas extendido.

Es una generalización del concepto original del HTML (que tampoco era nuevo…), basada en el uso de etiquetas de texto dentro del documento en sí, para definir su comportamiento y cómo se muestra en pantalla o en papel.

Actualmente se aplica en diferentes formatos de archivo informático, como el ODT de OpenOffice y LibreOffice.

Enlaces de Internet

• **http://www.gimp.org** – página oficial de GIMP, desde donde se puede descargar la última versión del programa

• **http://manual.gimp.org/manual/** - Manual oficial de GIMP

• **http://gimp.hispalinux.es** – centro de recursos de GIMP en español

• **http://www.scribus.net** – página de desarrollo de Scribus - programa de autoedición con el que se ha realizado este libro...

• **http://www.portableapps.com** - página donde se recogen diversos desarrollos y adaptaciones de programas (entre ellos, GIMP) que no requieren modificación del registro del sistema (Windows) en su instalación, por lo que permiten su uso desde memorias externas.

• **http://www.hdrsoft.com** - página de los desarrolladores de Photomatrix, herramienta muy difundida para la realización de imágenes de alto rango dinámico (HDR)

• **http://www.rawtherapee.com** – página de los desarrolladores de Raw Therapee (editor de imágenes en formato RAW), con sección de descargas gratuitas e información de actualizaciones.

• **http://r0k.us/graphics/PseudoGreyPlus.html** - Últimas técnicas sobre Falso Gris (Pseudogrey). Actualmente, alcanzan los 3110 tonos de gris...

• **https://libros.agbdesign.es** - Blog actual del autor...

Del mismo autor

Niveles y Curvas con GIMP (2ª ed.)

ISBN 978-1499181463

Aprende a manejar estas dos potentes herramientas con uno de los mejores programas gratuitos de edición fotográfica.

Segunda edición con contenidos ampliados.

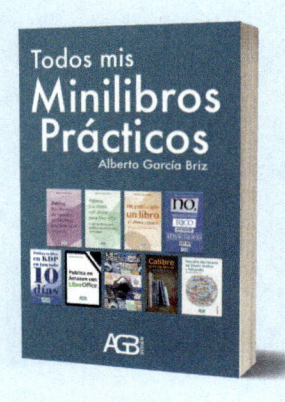

Todos mis minilibros prácticos

ISBN 979-8516629907

Este libro reúne en un solo volumen a color todos los minilibros prácticos del autor (hasta la fecha) sobre autoedición y publicación en Internet.

Tienes más libros y novedades del autor en
https://libros.agbdesign.es

Del mismo autor

Blanco y Negro con GIMP

ISBN 979-8815643802

Diez años después de la publicación de la primera edición, este libro supone una actualización a las nuevas versiones de esta potente aplicación gratuita para la edición de imagen, introduciendo nuevas técnicas y herramientas, orientadas a la conversión a blanco y negro.

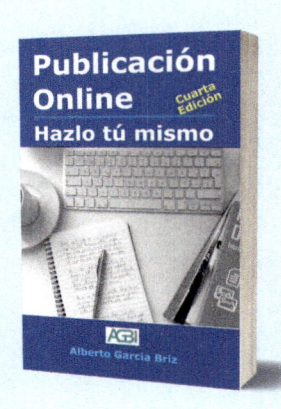

Publicación Online - Hazlo tú mismo

ISBN 978-1731215253

La autopublicación es una tendencia actual en Internet. Con unos pocos pasos puedes tener sobre la mesa (o en tu lector de libros electrónicos) ese libro que llevaba años en un cajón...

Cuarta edición con contenidos ampliados.

Printed in Great Britain
by Amazon